독자를 유혹하는
책쓰기

[일러두기]
이 책은 『책쓰기 학교, 인생을 바꾸다』의 개정 증보판입니다.

독자를 유혹하는
책쓰기

초판 인쇄 2022년 9월 5일
초판 발행 2022년 9월 5일

지은이 김병완 | **디자인** 디자인도구
발행인 (주)플랫폼연구소 | **출판등록** 제 2020-000075 호

전화 010-3920-6036 / 02-556-6036 | **팩스** 050-4227-6427
이메일 pflab2020@naver.com

주소 서울특별시 강남구 역삼로 220 홍성빌딩 1층

ISBN 979-11-91396-18-8 (03000)

독자를 유혹하는 책쓰기

김병완 지음

WRITING

플랫폼연구소

당신도 작가가 될 수 있다
내가 산증인이다

"작가는 태어나는 것이 아니라 만들어진다."

필자가 바로 그 산증인이다. 필자는 글을 잘 쓰는 사람도 아니었고, 작가의 꿈도 꾼 적이 없는 평범한 사람이었다. 30대 때는 회사원이었고, 40대 때는 백수, 무직자였다. 하지만 50대 때는 작가가 되었다.

책쓰기는 누구나 할 수 있다. 나도 했다. 당신도 할 수 있다. 누구나 작가가 될 수 있다. 하지만 누구나 될 수 있지만, 결단하고 도전하는 사람만 가능하다. 결단하고 도전하지 못하는 사람은 아무리 큰 재능이나 기술, 지식과 내공이 있다고 해도 절대 작가가 될 수 없다.

결단하고 행동하면 귀신도 무서워서 도망가고, 없던 길도 생긴다. 결단하고 행동하면 몇 개월 후에는 당신의 이름으로 된 한 권의 책이 세상에 모습을 드러낼 것이다. 그 감격의 순간을 경험하는 사람과 평생 경험하지 못하는 사람이 있다. 이 책은 당신을 전자로 이끌어 줄 것이다.

당신도 작가가 될 수 있다. 작가가 될 때까지는, 책을 쓰기 전에는, 책쓰기를 통해 존재하는지도 알지 못했던 것들을 알아차리게 된다. 당신에겐 이미 책 쓸 '거리'가 있다. 단지 당신이 발견하지 못했을 뿐이다.

"참된 창조자는 가장 흔해 빠지고 미천한 것에서 주목할 만한 가치가 있는 뭔가를 늘 발견할 줄 아는 사람이다."

스트라빈스키의 이 말은 당신에게도 해당한다. 책쓰기는 당신의 삶을 업그레이드한다. 책쓰기는 당신 안에 있는 금맥을 찾아 캐내는 일이다. 책쓰기는 당신 안의 보물을 발견하여 세상 밖으로 내놓는 일이다.

누군가의 말처럼, 고양이는 무엇인가를 할퀴어야 하고, 개는 무엇인가를 물어뜯어야 한다. 당신은 무엇인가를 써야만 한다. 우리는 개도, 고양이도 아닌 인간이기 때문이다. 인간만이 글을 읽고 쓸 수 있는 존재이기 때문이다. 인간만이 할 수 있는 유일한 그 행위를 왜 당신은 하지 않는가?

평범한 직장인이기도 했고, 백수 무직자이기도 했던 나도 했다. 그러므로 당신도 할 수 있다. 당신도 이제 당신의 책을 가져라. 이제 당신도 작가가 되어라. 작가는 누구나 될 수 있다.

현실적인 질문을 해보자. 왜 책쓰기를 해야 할까? 책쓰기가 가져다주는 기쁨과 즐거움, 부와 성공, 선물과 특권이 넘치기 때문이다. 무엇보다 책쓰기는 하는 사람들을 더 성공하게 하기 때문이다. 본문 첫 장에서는 좀 더 좋은 이유를 말하고 있다. 꼭 읽어보기 바란다. 여기서는 책쓰기가 왜 사람들을 성공하게 만드는 것인지만 살펴보겠다.

"책쓰기를 하는 사람들은 왜 더 성공할까? 책쓰기는 왜 평범한 사람을 능력자로 만들어 주는 것일까? 책쓰기에 담긴 숨은 성공의 비밀은 무엇일까?"

이 질문에 대한 해답은 너무나도 많다. 다양한 측면에서 근거와 이유를 제시할 수 있다. 이미 다른 많은 작가가 이 사실에 관해서 연구하고 책을 쓴 바 있다. 이미 필자도 역시 이전에 출간 도서를 통해 이미 여러 가지 근거와 이유를 제시했다.

거두절미하고, 최근에 읽었던 책에서 또 다른 추가적인 하나의 이유와 근거를 제시하고자 한다. 그 책은 바로 세계적인 인지심리학자이자 신경과학자인 대니얼 J. 레비틴 교수가 쓴 『정리하는 뇌』이다.

레비틴 교수는 뉴욕타임스 베스트셀러 1위를 3개월 이상 차지한 적이 있을 뿐만 아니라, '1만 시간의 법칙'을 과학적으로 규명한 주인공이기도 하다.

그는 지금 우리가 사는 이 시대의 가장 큰 특징이 정보홍수의 시대라고 주장한다. 연구결과에 따르면, 2011년 미국인이 하루에 처리해야 하는 정보량은 30년 전보다는 5배나 많아졌고, 디지털 시대에 접어들었음에도, 해당 분야 전문가나 회사가 해 주던 일들을 직접 하는 '그림자 노동Shadow work'이 급격하게 늘었고, 선택해야 할 일들은 기하급수적으로 많아졌다.

그가 피력하는 내용 중 가장 호기심을 자극하는 것 중 하나가 성공하는 사람들에 관한 이야기다. 성공하는 사람들은 그렇지 못한 사람들보다 범주화 능력이 탁월하다. 우리 인간은 세상 모든 일에 대해 구조를 부여하고 범주화하도록 만들어졌다. 이것이 학습의 본질이기도 하다.

왜 범주화하는 능력이 탁월한 사람과 그렇지 못한 사람의 업무 성과나 자신의 전문 분야 깊이의 격차가 벌어지는 것일까? 이 질문에 레비틴 교수는 뇌 과학에 탁월한 신경과학자답게 그것은 바로 뇌가 기억하고 저장하고 주의 집중하는 속성 때문이라고 말한다. 그렇다면 무엇이 뇌의 속성,

뇌 기능을 다르게 하는 것일까?

　뇌의 용량에는 한계가 없지만, 범주화하지 않고, 일할 때는 엇비슷한 해
야 할 일들이 많이 있으므로, 우리 뇌는 쉽게 산만해지고 혼란에 빠진다.
이렇게 산만하고 혼란에 빠진 상태에서는 그 어떤 천재도 자신의 실력을
제대로 발휘할 수 없다. 범주화를 잘 할수록, 주의 집중력이 좋아지고, 집
중력이 좋아질수록 엄청난 실력을 발휘할 수 있다. 지극히 맞는 소리다.

> "인간은 지식을 즐기도록 만들어진 존재다. 특히 감각을 통해 들어오는 지식을 좋
> 아한다. 우리는 이런 감각적 지식에 구조를 부여하고, 그것을 다른 각도에서 바라보
> 며 다양한 신경 체계에 맞춰보려고 애쓰도록 만들어졌다. 이것이 학습의 본질이다."
>
> 〈 [정리하는 뇌], 대니얼 J. 레비틴, 70쪽 〉

　레비틴 교수의 주장을 토대로, 책쓰기를 설명하면 이렇다. 책쓰기는 자
신의 경험과 지식에 구조를 부여하고, 그것을 제삼자, 즉 독자의 눈으로
바라보며, 다양한 해석에 맞춰보려고 애쓰는 것이기에, 인간의 본성이다.

　책을 쓴다는 것은 자신의 경험과 지식을 일정한 주제와 범주 안에 넣
고, 정리한다는 것을 의미한다. 이렇게 정리하는 것은 우리의 삶을 개선
해 준다고 그는 말한다. 책쓰기를 하는 사람들이 그렇지 않은 사람들보다
더 성공하고 더 나은 인생을 살아가게 되는 이유 중의 하나가 바로 이것이

다. 책쓰기는 산만해지고 혼란스러운 당신의 분야, 당신의 인생, 당신의 생각을 범주화하여 정리해주고, 주의 집중력을 향상해 주어, 당신의 능력을 100% 이상 발휘할 수 있도록 해 준다.

책쓰기는 당신을 능력자로 만들어 주고, 전문가로 도약시켜 준다. 그 결과 책쓰기는 압도적인 성공을 당신에게 선사한다. 책쓰기는 그렇게 어렵고 힘든 일이 아니다. 이 책을 읽어보면, 어렵게만 보였던 책쓰기의 길이 쉽게 보일 것이고, 책쓰기에 도전할 수 있게 될 것이다.

책을 쓴다는 것은 인생을 바꾸고, 세상을 바꾸는 일이다. 책을 쓴다는 것은 자신을 강하게 만드는 일이다. 단 한 명의 독자라도 이 책을 읽고 저자의 길을 걷게 된다면 필자는 행복할 것이다.

"사람은 쓰기를 통해 어제 살았던 인생보다 더 강한 인생을 만들어나갈 수 있다. 글쓰기를 통해 참담한 현실을 극복하고 위대한 삶을 살았던 사람들은 한두 명이 아니다. 장애 삼중고로 비참한 현실과 싸워야 했던 헬렌 켈러 여사도 그렇고, 흑인 여성 지도자 마야 엔젤루도 그렇다. 그들의 인생을 바꾼 것은 글쓰기였다. 유배지로 내려간 다산 정약용을 일으켜 세운 것은 글쓰기였다. 하루아침에 사형수 처지가 되어 사랑하는 가족과 부와 명예를 모두 잃어버리고 단 하나의 희망조차 품을 수 없었던 보에티우스를 강하게 해 준 것 역시 글쓰기였다."

〈 [김병완의 책쓰기 혁명], 김병완, 84쪽 〉

100세 시대다. 긴 인생을 제대로 살기 위해서 무엇이 필요할까? 멋진 졸업장, 좋은 직업, 눈부신 자격증, 이 모든 것도 인생 1막으로는 모르겠지만, 긴 인생을 잘 살아내기에는 턱없이 부족하다. 인생 2막, 3막, 4막을 제대로 준비하는 가장 좋은 방법이 없을까?

부자가 되고 성공하고 싶다면, 부자가 되고 성공하기 위해 할 수 있는 가장 좋은 방법은 무엇일까? 바로 책쓰기다. 그렇다. 책쓰기는 능력과 재능을 당신에게 선사한다. 그런데 이것이 전부가 아니다.

책쓰기는 당신에게 큰 위로와 용기를 준다. 책쓰기는 당신에게 새로운 인생길을 열어준다. 책쓰기는 당신에게 세상과 맞짱 뜰 수 있는 전문가 타이틀을 준다. 책쓰기는 당신에게 내공과 스펙을 만들어 준다. 책쓰기는 당신의 인생을 새롭게 만들어 준다.

"책쓰기는 인생을 바꾼다. 그러므로 당신도 작가가 되어라."

필자가 책쓰기에 대해 언급한 본문 내용 중 일부를 먼저 소개하겠다.

"책쓰기는 당신에게 무엇보다 좋은 인생을 선물해 줄 것이기 때문이다. 좋은 인생은 가슴 두근거리는 삶이며, 의미와 가치가 있는 인생이다. 책쓰기는 이것을 가능하게 해 준다. 책쓰기는 가슴 두근거리는 삶을 만들어 주고, 누군가에게 당신의 삶을 이야기해 주고, 공유하며, 작거나 큰 영향을 끼치며, 함께 살아가게 해 준다.

부자도, 이미 성공한 사람도 왜 책쓰기를 해야 할까? 성공한 사람보다, 부자보다 가치 있는 사람이 되어야 하기 때문이다. 책쓰기는 당신에게 좋은 인생을 만들어 주고, 가치 있는 사람이 될 수 있게 해 주기 때문이다."

"책을 쓰지 않으면 당신은 자신의 인생에 갇히게 되지만, 책을 쓰는 순간 당신의 인생은 세상과 공유가 되고, 오픈된다. 이것이 책쓰기의 마법이다. 당신이 누구라도 책을 쓸 수 있다. 당신은 모르고 있지만, 당신에게는 이미 책 쓸 '이야기'가 있다. 책을 안 써 본 사람은 죽어도 모르는 책쓰기의 즐거움과 선물이 있다. 당신 인생에서 최고의 학위는 당신이 쓴 한 권의 책이다. 당신이 책을 쓰면 좋은 현실적인 이유는 너무나 많다."

"책쓰기는 당신 안에 금맥을 찾아 캐내는 일이다. 책쓰기는 숨겨져 있는 당신 안의 보물을 발견하여 세상 밖으로 내놓는 일이다. 책쓰기는 당신을 전문가로, 권위자로 만들어 준다. 책쓰기는 당신에게 부와 성공을 가져다준다. 당신도 이제 당신의 책을 가져라."

- 김병완

목 차

제5장 5단계. "본문을 어떻게 쓸 것인가"
: 본문 집필

제6장 6단계. "어떻게 출판사를 유혹할 것인가"
: 출간 기획

제3부
독자를 유혹하는 책쓰기 비법 Ⅱ : 경쟁력 있는 작가 되는 법

제1장 독자를 유혹하는 책쓰기 비법!

부록
책쓰기로 인생을 바꾸는 법 : 김병완 칼리지

GOOD
WRITING

제1부

작가는 태어나는 것이 아니라 만들어진다

"변화와 도전을 한다고 해서 인생이 다 달라지는 것은 아니고 성공하는 것도 아니다. 변화와 도전에도 종류가 있다. 선택과 집중이 중요하다. 그렇다면 독자들은 어떤 변화와 도전을 할 것인가? 필자가 실제로 경험한 인생에서 가장 강력한 변화와 도전은 바로 책쓰기다."

– 『48분 기적의 책쓰기』 중

책쓰기는 삶을 업그레이드한다

"전문가라는 퍼스널 브랜딩을 인생을 살면서 한 번도 구축해 본 적이 없는 사람도 책쓰기를 통해서 쉽게 구축할 수 있다. 심지어 책을 써 본 적이 없는 일반인도 가능하다. 사실 누구나 책을 출간하기 전에는, 책을 쓰기 전에는 일반인이다. 전문가이기 때문에 책을 쓰는 시대는 끝났다. 이제는 비전문가가 책을 쓰고, 그 덕분에 전문가로 인정을 받고, 전문가로 도약하는 시대다. 시대가 많이 바뀌었다." - 『48분 기적의 책쓰기』 중

책쓰기는 금맥을 찾아 캐내는 일이다

독자들에게 단도직입적으로 물어보고 싶다.

"정말 책쓰기가 인생을 바꿀 수 있을까?"
"정말 책쓰기를 통해 인생이 바뀐 사람이 있을까?"
"학교 졸업장이나 스펙이나 자격증이나 부동산이나 로또, 이런 것 하나 없이 책쓰기만으로 정말 인생이 바뀌는 것인가?

독자들의 생각은 어떤가?

필자의 대답은 무의미하다. 다만 필자의 책쓰기 경험은 이 질문에 대해서 이렇게 대답한다.

"정말이다."

책쓰기를 통해 인생이 바뀔 수 있다. 지금도 바뀌고 있고, 과거에도 바뀌었다. 누가? 필자를 비롯한 수도 없이 많은 이들이 말이다.

> "책쓰기는 당신 안에 금맥을 찾아 캐내는 일이다. 책쓰기는 숨겨져 있는 당신 안의 보물을 발견하여 세상 밖으로 내놓는 일이다. 책쓰기는 당신을 전문가로, 권위자로 만들어 준다. 책쓰기는 당신에게 부와 성공을 가져다준다. 당신도 이제 당신의 책을 가져라."

인간의 팔자를 바꾸는 다섯 가지 방법을 아는가?

어떤 책에 나오는 이야기이다. 그 다섯 가지 중 하나가 독서라고 한다. 그런데 필자는 정말 독서를 통해 팔자가 바뀌었다. 그런데 그 독서의 종결자는 바로 책쓰기였다는 사실을 아는 사람은 많지 않을 것이다.

책만 읽었다면, 지금도 책만 읽고 있다면 필자는 여전히 백수, 무직자였을 것이다. 하지만 어느 순간 어딘가에 홀린 듯이 책을 쓰기 시작했고, 그 책이 출간되면서 필자의 팔자는 한순간에 완전하게 달라졌다.

백수, 무직자가 명사 초청 강연회에 초청을 받는 명사가 되었고, 전국의 대학교에 독서법, 인문학 특강의 초청 강사가 되었고, 지금은 세계 최강의 독서법 코치와 책쓰기 코치로 명성을 날리고 있다.

3년 만 권 독서를 하고, 그 후 첫 2년 동안 30~40권의 책이 쏟아져 나왔고, 급기야는 3년 동안 60여 권의 책이 출간되고, 베스트셀러가 되다 보니, 여기저기서 페이스북과 같은 SNS를 통해서 책쓰기를 문의하는 사람들이 한 명 두 명 생겼다. 문의하는 사람들의 요지는 이것이었다.

"나 같은 평범한 사람, 책도 많이 읽지 않은 사람, 내공도 없는 사람이 작가님처럼 책을 쓸 수 있을까요?"

필자는 이런 문의를 하는 사람들에게 딱 잘라서 한마디 해 준다.

"충분히 하실 수 있습니다."

필자가 김병완 칼리지를 운영해 오고 있는 단 한 가지 이유는 내가 가진 바로 이 소신 때문이다.

"누구나 책을 쓸 수 있다. 당신도 가능하다. 작가는 태어나는 것이 아니라 만들어진다."

책쓰기를 한 번도 배워 본 적도 없고, 평생 책을 써 본 경험도 없는 이들을 단 7주 수업을 통해 출판사와 정식으로 계약 되게 해 준다는 것이 말이 될까?

말도 안 되는 성과가 나오니 더 말이 안 되는 것 같다.

인생을 살다가 작은 일에 좌절하고 휘둘리고 용기를 잃게 되는 경우가 많은데, 그때마다 이 게시판에 와서 계약 후기를 보면, 정말 필자가 더 큰 용기와 자부심을 느낀다.

"정말 책쓰기가 인생을 바꿨다!"

책쓰기가 아니었다면 필자는 지금도 도서관 한쪽 구석에 앉아 책 읽기에 만족하며 책만 읽고 있었을 것이다. 남이 쓴 책을 읽기만 하는 독자로 살 것인가? 자신이 쓴 책을 남이 읽도록 하는 저자의 삶을 살 것인가?

재능을 타고 난 '재능파'보다, 남들보다 더 열심히 노력하는 '노력파'에게 책쓰기는 더 좋다. 책쓰기의 본질이 노력이기 때문이다. 필자는 '노력파'다. 남들이 백 번 해서 하면 나는 천 번을 해서 한다. 남들이 천 번을 해서 하면, 필자는 만 번을 하더라도 해낸다. 남들이 백 권을 읽어서 인생이 달라졌다면 필자는 천 권을 읽는다. 남들이 천 권을 읽고 터득했다면 필자는 만 번을 읽고 터득한다. 그러므로 재능이 없어서, 문장력이 없어서, 책을 못 쓰겠다는 변명은 할 수 없다. 필자가 재능이 없었던 사람이기 때문이다.

책쓰기가 인생을 바꾸는 가장 쉬운 길이 아니었다면, 필자는 작가가 될 수 없었을 것이다. 책쓰기만큼 인생을 바꾸는 쉬운 길은 없다. 이런 말을 할 수 있는 근거는 무엇일까? 직장생활도 해 봤고, 백수 무직자 생활도 해 봤기 때문이다. 직장생활의 고충과 아픔을 누구보다 잘 알고 있다. 직장생활이 책 쓰며 즐기며 사는 삶보다 백 배 더 힘들다. 백수 무직자 생활도 즐겁고 보람차다고 할 수 없다. 백수 무직자 생활은 또 다른 아픔과 고통이 있다. 이런 점에서 책 쓰며 사는 삶, 작가 생활은 아주 아주 쉽고 재미있고 보람차기까지 하다.

100세 시대
최고의 준비다

　인간의 평균 수명이 지금은 거의 100세에 다다르고 있다. 과학과 의학이 눈부시게 발전해 곧 평균 수명이 140세가 될 것이라고 주장하는 과학자들도 나오기 시작했다.

　자. 100세 시대다. 당신은 후반전을 어떻게 준비할 것인가? 칼리지 졸업생 중에 『10만 시간의 공포』라는 책을 쓴 분이 계시다. 그분의 말을 토대로 하면, 은퇴 후에 우리가 살아내야 할 시간이 누군가에는 축복의 시간일 수도 있지만, 누군가에게는 재앙일 수도 있다.

　우리는 지금 눈앞만 생각해서, 하루하루 허둥지둥 살아가는 삶에서 벗어나야 한다. 좀 더 인생을 길게 내다보는 지혜를 가져야 한다. 은퇴 후 제2의 인생을 생각해보자. 인생 이모작, 인생 삼모작을 생각하자. 너무 앞만 보고 달리면 나중에 큰 후회를 한다.

개그맨으로 지금도 여러 방송 활동을 하고, 다양한 사업도 하는 고명환 씨도 필자의 책쓰기 수업에 정식으로 참여한 졸업생이다. 그는 지금 일산에서 음식점을 운영하는 성공한 외식업 사업가이기도 하다.

그런데도 책쓰기를 하는 이유가 무엇일까?
인생은 생각보다 굉장히 길기 때문이다.

고명환 씨뿐만 아니라 개그맨이시고 방송인이시면서 지금은 명문대 대학원까지 다니시는 최형만 씨도 칼리지에 입학해, 몇 달 만에 책을 출간했다.

방송인들도, 사업가들도, 직장인들도, 직종을 막론하고 책쓰기를 시작하는 이유는 이제 인생이 단 한 가지 직업이나 자격증으로는 버티기에 너무 길어졌기 때문이다. 평균 수명이 40세에 불과하던 시대에는 한 번 취업하면 그곳이 평생직장이 되었다. 하지만 지금은 이를 상상할 수 없다. 직업이 수없이 달라지고 변경되는 시대에 우리가 살고 있기 때문이다.

"자신의 이름으로 된 책 한 권이 대학교 졸업장보다 더 큰 도움이 되는 시대가 바로 이 시대라면 믿겠는가? 믿지 않아도 할 수 없지만 사실이다. 대학교 졸업장이 있다고 해도 저절로 돈이 나오는 것은 아니지만, 내 이름으로 된 책 한 권은 계속해서 인세가 통장에 들어온다. 얼마나 꿈만 같은 이야기인가? 물론 인세가 그렇게 많은 것도, 지속해서 계속해서 나오는 것은 아니다. 하지만 인세는 빙산의 일각이다. 책이 잘 팔리면 그 파급 효과는 상상을 초월한다. 인세보다 몇십 배 더 강력한 부와 성공의 길이 열리기 때문이다. 세상과 타인이 당신을 전문가로 인정한다는 점이다."

세상이 당신을 전문가로 인정하면, 평생 현역으로 활동할 수 있다. 책쓰기의 가장 큰 유익은 은퇴가 없다는 점이다. 평생 현역으로 일할 수도 있고, 새로운 책쓰기 프로젝트를 만들 수도 있다. 얼마나 멋진가? 필자에게도 대학교 졸업장보다 나의 이름으로 된 책 한 권이 훨씬 더 실질적인 도움이 되었다. 지금의 나를 만들어 준 것은 내 이름으로 된 책이었다.

책이 100세 시대 최고의 노후준비인 이유는 또 있다. 그것은 당신에게 없었던 브랜딩을 만들어 주기 때문이다. 직장인들은 퍼스널 브랜딩을 한 번도 구축해 본 적이 없는 사람들이다. 하지만 자신의 이름으로 된 한 권의 책을 쓰면, 그것이 퍼스널 브랜딩을 구축해 주는 가장 효과적이고 실질적인 도구가 된다. 책쓰기를 통해 책이 출간되고, 생애 최초로 퍼스널 브랜딩이 구축되면, 게임은 끝난다. 어마어마한 특권과 유리한 조건이 생긴다.

유명 강사가 되기 위해 강사들은 정말 오랫동안 강의 기술을 배우고 익히고, 강력한 콘텐츠로 경력을 쌓는다. 10~20년이라는 많은 시간과 노력을 투자해야 유명 강사가 된다. 하지만 내 이름으로 된 책 한 권이 인기를 얻으면, 당신은 하루아침에 유명 강사 대접을 받는다. 이것이 책 한 권의 위력이다.

책쓰기를 통해 전문가로 인정받고, 유명 강사가 되고, 자신만의 브랜딩을 구축하면, 평생 현역으로 강의하며 책을 쓰며 살 수 있다. 은퇴자들을 떠올려보라. 50대부터 60대는 경제 활동을 하기 힘들다. 취업도 힘들고, 되더라도 박봉이다. 이런 점에서 50~70대를 책을 쓰고 강의하며 사는 시니어들은 상대적으로 돈을 벌고 경제 활동을 할 기회가 많을 뿐만 아니라, 스스로 그 기회를 만들 수 있다. 한마디로 100세 시대 책쓰기는 최고의 노후준비다. 아니, 그 이상이다. 책을 쓰는 사람에게 노후는 책쓰기에 오롯이 집중할 수 있는 유일한 황금기인지도 모른다. 직장생활을 할 때보다 더 시간이 많기 때문이다.

은퇴하고 시니어가 되면, 힘든 육체 활동을 겸하는 직업은 갖기 힘든 노쇠한 몸이 된다. 하지만 조용히 앉아서 책을 쓰는 활동에는 몸보다 정신, 에너지보다 경험, 얕은 지식보다 넓은 경험이 필요하다. 그런데 막상 시니어가 돼 책쓰기를 시작하면, 제대로 된 기술을 터득하기 힘들다. 물론 시니어 때 시작해서 10년도 안 되어 30권의 책을 출간한 분도 필자 주위에는 있다. 하지만 조금 더 일찍 책쓰기를 시작하는 것이 훨씬 더 쉽고 편한 길이다.

의사, 변호사보다
작가가 더 좋은 이유?

인기 있는 직업이 있다. 수십 년 동안 부모들이 가장 좋아하는 직업이 있다. 바로 의사와 변호사다.

그런데 의사와 변호사는 지금 이 책을 읽고 있는 당신이 지금 당장 될 수 없다. 아예 불가능한 것은 아니지만, 정말 힘들고 어려운 과정을 깡으로 버텨 내야 하고, 경제력도 뒷받침되어야 한다.

그렇게 힘들게 죽을 고생을 해서 당신이 의사나 변호사가 되었다고 하자. 의사나 변호사가 되면 정말 인생이 바뀌게 되는 것일까?

필자의 대답은 한마디로 이것이다.

"절대 절대 아니다."

의사, 변호사가 되어봤자 인생이 달라지지 않는 경우가 훨씬 많다.

하지만 책 쓰는 작가는 당신이 지금 당장 될 수 있다. 심하게 거짓말을 좀 하자면, 지금 당장 노트북을 들고 한 문장을 썼다면 당신은 작가라고 할 수 있다.

하지만 독자가 없는 무늬만 작가, 작가인 척할 수 있다. 좋은 점이 무엇인지 아는가?

법적으로 그 어떤 제재도 당하지 않는다는 것이다. 작가 누구누구 이렇게 명함을 만들어 세상 사람들에게 다 나누어주어도 절대 당신을 제재하는 사람은 없을 것이다. 다만 욕을 먹을 수는 있다.

책쓰기는 전문 자격증이 없다. 그래서 일반 가정주부도, 일반 직장인도, 심지어 필자처럼 백수, 무직자도, 그리고 저학력 출신인 노동자도, 농부도, 어부도, 광부도, 아이들도, 어르신도 누구나 지금 당장 시작할 수 있는 천하의 공물이다.

왜 이렇게 좋은 조건과 특혜를 마다하는가?

지금 당장 책쓰기를 시작하라. 정말 성과는, 효과는 어마어마하다. 책이 한 권 출간되어 1만 부만 팔려도 당신의 인생은 엄청난 쓰나미를 맞게 되고, 그 여파는 몇 년 동안 지속된다.

필자의 첫 책이 출간되고, 또 그다음 책이 출간되고, 그러다가 베스트셀러가 하나 터졌다. 그 덕분에 2~3년 동안 강의 요청을 수도 없이 많이 받았다.

책은 이렇게 엄청난 위력을 가지고 있다. 당신 대신 당신을 세상에 알리고 홍보해 주고, 마케팅해 주는 엄청난 것이다.

의사, 변호사, 교수, 아나운서, 공무원, 대기업 직원은 하루아침에 될 수 없다. 자격증이 있어야 하거나, 어딘가에 면접을 보고 합격을 해야 한다. 하지만 책쓰기는 지금 당장 할 수 있다. 그러므로 책을 쓰는 작가는 지금 당장 될 수 있다.

작가의 명확한 기준이 무엇일까?

내 주위에 자비출판을 해서 자신의 이름으로 된 책을 한두 권 가지고 있는 사람이 있다. 이런 사람을 진짜 작가라고 할 수 있을까? 정답은 없다. 하지만 뭔가 아닌 것 같다.

어떤 사람 주위에 보면, 공저 출간을 한 사람이 있다. 그것도 아주 많다. 열 명이나 다섯 명, 일곱 명이 한 권의 책을 공저자. 그렇게 책의 십 분의 일, 혹은 오 분의 일을 쓴 사람들은 자신을 작가라고 할 수 있을까? 공저를 한 권도 출간 안 해 봐서 나는 잘 모르겠다.

하지만 세상은 공저를 자신의 저서로 인정해주지 않는다. 그래서 어디 가서 이야기하는 것도 당당하기가 힘들다고 한다. 그저 잡지에 칼럼이나 기사를 하나 쓰는 것과 거의 비슷하게 대우해 준다고 한다.

필자가 생각하는 진짜 작가의 기준은 책의 출간 여부가 아니다. 진짜 작가의 기준은 매일 꾸준히 책을 쓰는 것이 일상의 한 부분이 된 사람이냐 아니냐다.

그렇다면 전업 작가 중에서도 일 년에 몇 개월을 휴식을 취하거나, 다른 다양한 경험을 하거나, 여행을 갔다 오거나 하면서 보내고, 몇 개월을 집중해서 책을 쓰는 작가가 있다. 물론 일 년 내내 책만 쓰는 작가들이 더 많지만 말이다. 이런 사람들도 두말할 것 없이 진짜 작가다.

필자가 생각하는 이상적인 작가는 매일 책을 쓰는 사람이고, 매일 책과 함께 지내는 사람이다. 그리고 이런 사람은 직장인이든, 교수든, 변호사든, 의사든, 교사든, 공무원이든, 대기업 직원이든, 백수든, 무직자든, 워킹맘이든, 군인이든, 주부든, 학생이든 상관없이 모두 다 가능하다.

그러므로 당신도 책을 써라. 지금 당장 책을 써라. 똑똑한 사람만 책을 쓰는 시대는 지나갔다. 그것도 한참 전에 지나갔다. 이제는 덜 똑똑한 사람들이 더 똑똑한 사람들보다 책을 더 잘 쓸 수 있는 시대다.

왜일까? 책쓰기에서 중요한 요소가 독자와의 소통, 공감이기 때문이다.

너무 똑똑하고 너무 잘난 사람보다는 덜 똑똑하고 덜 잘난 사람, 심지어 인생의 실패자나 낙오자들이 책을 쓰면, 독자들이 더 열광한다.

왜일까? 자신과 똑같은 사람이 있다는 것을 발견하고 심하게 격하게 공감하고, 안도의 한숨을 쉬면서, 엄청나게 큰, 말할 수 없는 용기와 희망을 얻고 발견하게 되기 때문이다.

지금 이 시대에, 책쓰기는 인생을 바꾸는 가장 강력한 힘이다. 책쓰기를 통해 인생이 바뀐 사람들을 우리는 어렵지 않게 만나고, 발견할 수 있다. 책쓰기가 아닌 다른 것을 통해 인생이 바뀐 사람들도 있을 것이다.

하지만 가장 빨리, 가장 쉽게, 그리고 누구라도 조금의 노력과 의지만으로 도전할 수 있고, 지금 당장 할 수 있는 유일한 것이 바로 책쓰기다. 그런 점에서 책쓰기는 이 시대가 낳은 최고의 자기계발 수단이다.

과거에는 책을 쓴다는 것은 매우 위험한 일이고, 목숨을 걸어야 했다. 그리고 아무나 책을 쓸 수 없었다. 문맹들도 많았고, 책을 쓴다는 것은 자칫 생명의 위협이 된다는 것을 의미하기도 했다. 하지만 지금 이 시대만큼 책쓰기가 좋은 시대는 없다.

인류 역사상 책쓰기를 하기에 지금처럼 좋은 환경과 여건을 갖춘 시대는 찾아보기 힘들 정도이다. 이 시대는 책쓰기를 통해 누구라도 어느 정도 읽히는 책을 쓰게 되면, 어느 정도의 부와 명성을 쉽게 얻을 수 있게 해 주는 정말 멋진 시스템을 갖추었다. 즉, 지금 이 시대를 살면서 책을 쓰지 않는 것은 가장 큰 낭비가 될 정도이다.

책쓰기는 부가가치가 매우 높다. 단 한 권의 책을 통해 인생이 완전하게 달라지고, 신분 상승도 하고, 부도 축적하게 된 사람들이 우리 주위에 적지 않게 있다.

물론 사업을 해서 성공한 사람도 있고, 장사를 해서 성공한 사람도 있다. 하지만 책쓰기만큼 부와 명예를 함께 가져다주는 일은 찾을 수 없다.

책쓰기는 이 시대에 가장 강력한 인생을 바꾸는 힘이 되었다. 이것을 아무도 부인할 수 없다. 그리고 책쓰기는 시나 소설처럼 예술적인 재능이 꼭 필요한 문학이 주류에서 비주류로 벗어나고 있는 이 시대에 최고의 자기계발 도구이자, 성공의 수단이 되었다.

책을 쓴다고 하면, 시나 소설처럼 문학이 전부였던 시대가 있었다. 하지만 이제는 책쓰기라고 하면, 시나 소설을 제외한 삶과 연결된 실용서, 자기계발서 등을 쓰는 작가라고 먼저 생각하는 시대가 되었다.

다시 말해, 책쓰기 수업이라고 하면, 시나 소설을 쓰는 것을 가르치는 것이 아니라, 실용서, 자기계발서, 자서전 등과 같은 실용 위주의 책을 쓰는 방법을 알려 주는 수업이라고 누구나 짐작하게 되었다.

이제 이러한 책쓰기는 인생을 바꾸는 가장 강력한 도구이고, 그 자체로 가장 강력한 자기계발 수단임을 부인할 수 없게 되었다.

이러한 사실을 입증이라도 해 주고, 보여주기라도 하듯, 책쓰기 수업에 적지 않은 사람들이 모여들고 있다는 것은, 새로운 시대, 어제와 다른 시대에 우리가 살고 있고, 그 새로운 시대의 대세는 책쓰기라는 것을 우리는 알 수 있지 않을까?

학벌, 스펙도
책쓰기에 못 당한다

7년 전 일이다.

대학교 교수가 책쓰기를 배우고 싶다고 연락이 왔다. 책만 읽고 책만 쓰던 필자는 책쓰기를 가르쳐 줄 장소가 마땅치 않았다. 결국, 생각해 낸 것이 대전역 앞 다방이었다. 대전역이 서로의 중간 지점이었고, 기차에서 내려서 바로 갈 수 있는 가장 근접한 장소가 역 앞에 있는 다방이었다.

왜 멋진 모임 공간도 많은 데 굳이 다방에서 책쓰기 수업을 했을까? 대전 역 근처에는 멋진 모임 공간이 없다. 정말 아무리 찾아봐도 없었다. 지금도 상황은 마찬가지일 것이다.

서울역 근처에도 멋진 모임 공간을 찾기가 힘든 것은 매한가지일 것이다. 그래서 수강생의 회사 회의실에서 책쓰기 수업을 한 적도 있다.

그 교수님은 7주 동안 매주 대전역에 오셨다. 필자도 매주 7주 동안 대전역 앞 다방의 단골이 되었다. 7주 후 교수님은 어떻게 되었을까?

대한민국 최고의 출판사와 계약을 하셨고, 지금은 베스트셀러 작가로 유명세를 치르고 계신다.

왜 이렇게 대학교수님이 책쓰기를 하시는 것일까?

바로 이제는 더 대학 졸업장이나 자격증이나 스펙이 먹히지 않는 시대이기 때문이다. 의사나 변호사, 회계사도, 심지어 부동산 전문가나 방송인조차도, 강사조차도 자신의 이름으로 된 책 한 권이 있느냐 없느냐로 나눠진다.

자신의 이름으로 세상에 나온 책 한 권은 과거의 대학 졸업장과 맞먹는 시대가 되었다. 과거에는 대학교를 졸업하지 않으면 왠지 모르게 위축이 되고, 기가 죽었다. 이제는 대학교 졸업장 대신 자신의 이름으로 된 책 한 권이 없으면, 왠지 모르게 위축이 되고, 기가 죽는다.

바로 시대가 너무나 달라졌기 때문이다.

"누구나 책을 쓰는 시대다."

지금 대세는 책쓰기다. 그런데 이 대세를 거스르고 자신은 책을 안 써도 성공할 수 있고, 잘 먹고 잘살 수 있다고 고집을 피우는 것은 우리나라에 처음 기차가 도입되어, 부산에서 서울까지 기차를 타면 빨리 올 수 있는 데도, 굳이 걸어서 부산에서 서울까지 가는 것과 다름없다.

기차를 타면 정말 쉽게 빨리 서울까지 올 수 있다. 책쓰기는 이 시대의 기차와 다름없다. 아니 기차보다 더 빠르고 놀라운 비행기일지도 모른다.

책쓰기는 우리는 좀 더 높게, 좀 더 멀리, 좀 더 수준 높게 성장시키고, 도약시켜 주는 가장 강력한 무기이다.

언제까지 대학 졸업장만 믿고, 인맥과 스펙만 믿고, 학연과 지연에 기대어 굽실대며 살 것인가? 책쓰기를 통해 당당하게 자신의 삶을 살아내기 바란다. 책쓰기보다 더 좋은 인생을 바꾸는 방법은 없다.

필자가 책 읽기도, 책쓰기도, 직장생활도 다 경험해보았기 때문에 경험이 부족한 이들보다는 더 확실하게 말할 수 있다.

대한민국 최고의 기업에서 11년 동안 직장생활을 했던 사람으로 책쓰기로 훨씬 더 나은 인생을 살아내는 사람은 많지 않다. 대한민국에 열 손가락 안에 들 정도이다. 그러므로 자신 있게 후배 직장인들에게 말할 수 있다.

책쓰기는 당신이 직장인이어도, 의사나 변호사, 회계사처럼 전문 자격증을 가진 전문가여도, 이미 성공한 사람이라고 해도, 누구에게나 필요한 인생을 바꾸는 무기이다. 그리고 더 나은 삶을 살기 위해 꼭 필요한 수단이며, 우리의 내면을 성장시키고 성찰하게 해 주는 인생 공부의 목적 그 자체이기도 하다.

필자에게는 책쓰기가 내면을 성장시켜 주는 인생 공부의 수단이며, 목적이었다. 명심하자.

전문가가 책을 쓰는 것이 아니라, 책을 쓰면 그것이 공부고, 성장이기 때문에, 전문가가 된다. 성공한 사람이 책을 쓰는 것이 아니라, 책을 쓰면 그 자체가 성공이기 때문에, 이미 성공한 사람이 되어 가는 것이다. 자신을 넘어선 사람이 책을 쓰는 것이 아니라, 책을 쓰는 사람은 이미 자신을 뛰어넘은 것이기 때문에, 자신을 넘어서는 것이다.

책쓰기는
좋은 인생을 만든다

우리는 책쓰기를 통해 어제와 다른 삶을 살 수 있고, 어제 살았던 인생보다 차원이 다른, 더 좋은 인생을 만들어나갈 수 있다. 책쓰기는 비교도할 수 없는 크나큰 기쁨과 위안을 준다. 책쓰기를 통해 최악의 상황과 현실을 극복하고 위대한 삶을 살았던 사람들은 너무나 많다. 비참한 현실을 극복하고 이겨 낸 헬렌 켈러 여사, 흑인 여성으로 명예와 성공을 이룬 마야 엔젤루, 유배지에서 평생 살아야 했던 다산 정약용, 하루아침에 사형수처지가 되어 사랑하는 가족과 부와 명예를 모두 잃어버리고 단 하나의 희망조차 품을 수 없었던 보에티우스를 성공하게 해 주고, 강하게 해준 것은다름 아닌 책쓰기였다.

우리가 책쓰기를 해야 하는 이유는 우리를 성장시키고, 강하게 해 주기때문이다. 책쓰기는 우리에게 좋은 인생을 선물해 준다. 선물은 누군가

우리에게 주는 것이지만, 책쓰기는 다르다. 책쓰기는 스스로 좋은 인생을 자신에게 선물해 줄 수 있다. 이것이 책쓰기의 차이점이다.

"'헉, 나 같은 평범한 사람이 책을 쓴다고?' 그렇다. 무모한 것처럼 보이는 도전이었다. 잘 될 것이라는 그 어떤 보장이나 확신은 없었다. 하지만 도전하지 않았다면, 그어떤 일도 내 인생에 일어나지 않았을 것이다. 그때 도전하지 않았다면, 나는 작가가 될 수 없었을 것이다. 도전했기 때문에 확률은 제로가 아니다. 성공 확률이 제로와 그렇지 않은 것은 엄청난 차이를 만든다. 필자의 첫 책을, 경험도 없는 무명작가의 책을 출간해 주겠다는 출판사가 나타났다. 기적이었다. 하지만 그 어떤 기적도 도전하지 않았다면 절대 일어나지 않는다. 평범한 사람이 출판사와 계약하고, 출간한다는 것은 상상도 하지 못했던 근사한 일이었다. 하지만 더 근사한 일은 출간 이후였다. 꿈도 꾸지 못했던 멋진 일이 벌어졌다.

자신의 이름으로 된 한 권의 책은 단순한 책 한 권이 아니다. 한 사람의 인생을 송두리째 바꾸어 놓는 어마어마한 파급력을 가지고 있는 마케팅 수단이며, 홍보 수단이었고, 그것은 기적이며 마법이다."

〈 [48분 기적의 책쓰기], 김병완 〉

책쓰기는 가장 경제적이면서 가장 효과적인, 가장 확실한 성공 수단이다. 책쓰기는 자기 마케팅 수단이며, 퍼스널 브랜딩 도구다. 이 사실을 부인할 수 있는 사람은 없을 것이다. 하지만 부와 성공도 좋지만, 더 중요한 것은 좋은 인생이다. 당신은 충분히 행복하고 좋은 인생을 살고 있는가? 많은 독자가 쉽게 그렇다고 말할 수 없을지도 모른다. 그렇다면 책쓰기를 시작하게 된다면, 상황은 달라질 것이다. 필자가 독자들에게 꼭 하고 싶은 말은 이것이다.

> "책쓰기는 당신에게 무엇보다 좋은 인생을 선물해 줄 것이기 때문이다. 좋은 인생은 가슴 두근거리는 삶이며, 의미와 가치가 있는 인생이다. 책 쓰기는 이것을 가능하게 해 준다. 책쓰기는 가슴 두근거리는 삶을 만들 어 주고, 누군가에게 당신의 삶을 이야기해 주고, 공유하며, 작거나 큰 영향을 끼치며, 함께 살아가게 해 준다.
>
> 부자도, 이미 성공한 사람도 왜 책쓰기를 해야 할까? 성공한 사람보다, 부자보다 가치 있는 사람이 되어야 하기 때문이다. 책쓰기는 당신에게 좋 은 인생을 만들어 주고, 가치 있는 사람이 될 수 있게 해 주기 때문이다."

책을 쓰지 않으면 당신은 자신의 인생에 갇히게 되지만, 책을 쓰는 순간 당신의 인생은 세상과 공유가 되고, 오픈된다. 이것이 책쓰기의 마법이다. 당신이 누구라도 책을 쓸 수 있다. 당신은 모르고 있지만, 당신에게는 이미 책 쓸 '이야기'가 있다.

책을 안 써 본 사람은 죽어도 모르는 책쓰기의 즐거움과 선물이 있다.

당신 인생에서 최고의 학위는 당신이 쓴 한 권의 책이다. 당신이 책을 쓰면 좋은 현실적인 이유는 너무나 많다. 이제 현실적인 책쓰기 이야기를 해 보겠다.

100세 시대 긴 인생을 제대로 살기 위해서는 하나의 졸업장, 하나의 직업, 하나의 인생 1막으로는 부족하다. 인생 2막, 3막, 4막을 제대로 준비하는 가장 결정적인 방법이 책을 쓰는 것이다.

하버드생들이 가장 신경 쓰는 분야가 글쓰기이다. 그 이유는 무엇일까? 자기 생각을 글로 표현하고, 상대방에게 효과적으로 전달하고, 설득시킬 수 있고, 감동을 줄 수 있는 글쓰기 능력은 지금 이 시대에 가장 중요한 성공 요인이기 때문이다.

실제로 하버드대 교육학 리처드 라이트 교수는 하버드 대학생들의 성공비결을 밝혀낸 적이 있었다.

'똑같은 능력의 하버드생인데도 왜 어떤 학생은 성공적인 대학 생활을 하고, 또 어떤 학생은 실패하게 되는 것일까?'

리처드 라이트 교수는 이 질문이 궁금했고, 이 질문에 대한 답을 16년 동안 찾았다. 16년 동안 하버드 학생 1,600명과의 인터뷰를 통해 대학 생활의 성공비결을 발견하게 되었다. 그중에 하나가 '글쓰기에 엄청난 노력을 들인다'였다.

이제 책쓰기는 최고의 성공 수단이 되었다. 아니 오래전부터 책쓰기는 최고의 성공 수단이며, 제일 중요한 성장 도구였다. 하지만 이 사실을 제대로 인식하고 깨닫기 시작한 것은 불과 몇십 년도 되지 않는다.

그전에는 그저 책쓰기는 전문가들이, 성공한 사람들이, 똑똑한 사람들만이 하는 것으로 생각했다. 하지만 이제 한두 명씩 책쓰기가 전업 작가들만의 전유물이 아니라는 사실을 깨닫게 되었다.

필자도 그런 사람 중의 한 명일 뿐이다. 그리고 이제 더 많은 사람이 이 사실을 서서히 깨닫고 있고, 일부는 용기를 내서 책쓰기에 도전하고 있다.

책쓰기라는 행위를 통해 자신의 삶이 어제와 달라지고, 생각과 행동이 어제와 달라진다면 그 사람은 책쓰기의 선물을 경험한 사람이다. 책쓰기를 통해 다양한 선물을 받고, 인생이 달라지는 작은 기적을 많은 이들이 경험하고 있다. 이제 당신 차례다.

GOOD
WRITING

제2부

독자를 유혹하는 책쓰기 비법 I
: 책쓰기 기술 6단계

"책쓰기를 하면 남들보다 더 통합적으로, 더 면밀하게, 더 구체적으로, 더 치밀하게 사고할 수 있고, 분석할 수 있고, 기록할 수 있고, 창조할 수 있고, 연결할 수 있다. 책쓰기를 하지 않고 전문가가 되는 길은 멀고도 험하다. 시간도 10년 이상이 필요하다. 시간만 필요한 것이 아니라, 경제적 사회적 뒷받침도 필요하다. 그래서 전문가가 되는 것이 어려운 것이다. 그런데 책쓰기를 하면 상대적으로 그 길이 쉽고 편하다. 한마디로 책쓰기는 전문가가 되는 지름길이다."

– 『48분 기적의 책쓰기』 중

1단계. "무엇을 쓸 것인가"
:주제 선정

"책쓰기는 자본과 실력과 기술도 없는 우리에게 힐링과 스탠딩을 동시에 할 수 있게 해 준다. 결국, 책쓰기는 자본이 되고, 당신의 실력이 된다. 당신 이름으로 된 책 한 권은 그 어떤 스펙이나 명함보다 더 강력하다. 이것이 책쓰기만이 가지고 있는 장점이다." - 『48분 기적의 책쓰기』 중

나만의 주제를 찾는 비법
(내가 쓰고 싶은 주제 vs 내가 쓸 수 있는 주제)

문제는 이것이다. 바로 주제다.

주제는 적지 않은 것들을 결정한다. 작가의 입문 과정이라고 할 수 있는 출판사와의 계약에 가장 큰 영향을 끼치는 것이 바로 이것이다. 책쓰기에서 가장 중요한 것이 바로 주제 선정이다.

자, 그렇다면 주제 선정은 어떻게 해야 할까? 먼저 주제의 종류에 대해서 살펴보자.

우리가 쓸 주제는 크게 두 가지로 나눌 수 있다.

첫 번째는 내가 쓰고 싶은 주제이다. 이런 주제는 삶에서 우러나오게 되어있고, 아주 독창적인 주제가 될 수 있다. 하지만 이런 주제의 가장 큰 단점은 대중이 흥미를 거의 느낄 수 없게 될 소지도 있다는 것이다. 이런 주제의 가장 큰 장점은 사람에 따라 그 범위가 무궁무진할 수 있다는 것이다. 확장성이 매우 높지만, 덜 매력적일 수 있다. 하지만 가장 강력한 글들이 쏟아져 나올 수 있다는 점에서 강력하게 추천하는 주제이다.

두 번째는 내가 쓸 수 있는 주제다. 이런 주제는 삶이 아니라 세계에서 찾을 수 있다. 남과 다르게 세상을 바라볼 수 있는 눈을 가진 사람은 자신이 쓸 수 있는 주제가 매우 넓다. 하지만 세상과 타인에 관해서 관심이 없는 사람은 어쩌면 쓸 주제가 매우 한정되어 있을 수 있다. 작가의 삶의 경험과 지식과 사색의 깊이와 넓이에 따라 범위가 한정된다. 이것이 가장 큰 단점이다.

당신이 책을 쓸 때 선택해야 하는 주제는 어떤 것일까?

필자의 대답은 바로 이 두 가지 주제를 모두 충족시켜 주는 주제여야 한다는 것이다. 당신이 쓰고 싶은 주제이면서, 동시에 제대로 잘 써 낼 수 있는 주제여야 한다.

내가 쓰고 싶은 주제이지만, 제대로 잘 써낼 수 없는 주제를 선택한 작가들은 중도에 포기하는 경우가 허다하다. 반대로 그렇게 쓰고 싶은 주제는 아니지만, 제대로 잘 써낼 수 있는 주제를 선택한 작가들은 절대로 중도에 포기하지 않는다. 한 권의 책을 쓰는 일이 그렇게 힘들거나 어렵거나 스트레스를 받는 일이 아니기 때문이다.

결론은 바로 이것이다.

주제 선정을 어떤 것을 하느냐에 따라 당신의 책쓰기가 성공하느냐 마느냐가 결정된다는 것이다.

주제 선정을 잘 못하면 책쓰기를 하는 몇 개월 혹은 몇 년이 지옥이 될 수 있다. 하지만 자신에게 맞는 주제를 잘 선정한 경우에는 책쓰기를 하는 내내 즐겁고 신나는 시간을 만끽하게 된다. 필자가 이런 경험이 적지 않기 때문에 자신 있게 말할 수 있다.

남다른 주제를 찾는 비법

출판사와 계약을 하느냐 못 하느냐는 매우 중요한 문제다. 특히 작가의 꿈을 이루기 위해 모든 것을 걸고 도전한 예비 작가들에게 더욱더 그렇다.

작년에 필자를 찾아온 한 명의 예비 작가가 있었다. 이 친구는 3년 이상 책쓰기에 전념한 전업 예비 작가다. 직장을 그만두고, 3년 전부터 많은 원고를 기획하고 집필했다. 그렇게 3년여에 걸쳐 수백 군데 이상의 출판사에 투고를 했다. 하지만, 단 하나의 출판사도 자신의 원고에 관심을 보이지 않았다는 것이다.

이 친구의 원고를 살펴보면 더 놀라운 사실을 발견할 수 있다. 문장력이나 기획력이 그렇게 나쁘지 않았다. 그렇다면 그 이유는 무엇일까?

이유는 주제 선정에 있었다. 너무 뻔한 주제였다. 그래서 주제를 바꾸어 집필하도록 코치해 주었다. 그렇게 했더니, 다음 달쯤 생애 최초로 출판사와 정식으로 출간 계약을 했다는 즐거운 소식이 들려왔다. 그 후로는 많은 책을 출판사와 계약을 했다.

주제 선정에서 가장 중요한 것은 절대 뻔한 주제, 평범한 주제를 선택해서는 안 된다는 것이다. 남다른 주제를 찾기 위해 가장 중요한 주인공은 바로 자기 자신이라는 사실을 잊어서는 안 된다. 70억 인구가 이 세상에 살만, 당신의 삶의 스토리와 같은 이야기를 지닌 사람은 단 한 명도 없다.

당신의 삶의 이야기는 그 자체로 하나의 영화이며, 책, 대하소설이 된다. 왜 안 된다고 생각하는가? 좋은 책의 기준은 위대하고 화려한 이야기가 절대 아니다. 평범한 일상의 스토리 속에서 자기 자신만의 스토리를 찾을 수만 있으면, 그 주제는 좋은 주제가 될 수 있다.

평생 책이 전혀 팔리지도 읽히지도 않았던 니체는 이렇게 말했다.

"자신을 대단치 않은 인간이라 깎아내려서는 안 된다. 그 같은 생각은 자신의 행동과 사고를 옭아매려 들기 때문이다. 오히려 맨 먼저 자신을 존경하는 것부터 시작하라. 아직 아무것도 하지 않은 자신을, 아직 아무런 실적도 이루지 못한 자신을 인간으로서 존경하는 것이다."

〈 [니체의 말], 시라토니 하루히코, 21쪽 〉

이 말을 통해 얻어야 하는 교훈은 우리 자신의 스토리가 매우 가치 있는 스토리라는 점이다. 실패했던, 시련을 겪었던, 불행한 일을 당했던, 행복한 순간을 경험했든 상관없이 말이다.

온갖 산전수전을 다 겪은 사람의 스토리가 더 풍성하고 더 깊은 것은 사실이다. 하지만 너무나 평범해서 도저히 한 권의 책의 주제가 될 스토리가 없다고 하는 사람이 있다면, 그것은 오해와 무지에서 비롯된 말이다.

누구나 한두 권의 책을 충분히 잘 써낼 수 있는 주제를 삶 속에 간직한 채 살아가고 있다. 남다른 주제를 찾는 시작점은 바로 자기 자신의 삶임을 명심하자.

자신의 삶의 이야기는 절대로 위대한 대문호 톨스토이도 나만큼 잘 쓸 수 없다. 나 자신의 이야기이기 때문이다. 자신의 삶을 주제로 할 때, 지식은 필요하지 않다. 약간의 글쓰기 기술이 필요할 뿐이다. 이것마저도 주는 아니다. 보조 도구에 불과하다. 가장 중요한 것은 원석이다.

누구의 삶도 원석의 가치가 있다. 자신의 삶을 스스로 깎아내리지 말아야 한다. 우리에게 필요한 것은 제대로 성찰하고 평가할 수 있는 올바른 눈이다.

주제는 독특함, 참신함, 호기심에서 결정된다

주제에 반드시 있어야 하는 세 가지는 '독특함, 참신함, 호기심'이다.

아무리 좋은 주제라도 독특하지 않으면 안 된다. 독특하더라도 참신하지 않으면 안 된다. 그리고 독특하고 참신하더라도 호기심을 불러일으키는 주제가 아니면 안 된다. 이 세 가지 중에서도 가장 중요한 것은 무엇일까?

그것은 바로 호기심이다.

호기심을 유발하는 주제는 그 자체로 이 세 가지를 모두 가지고 있는 주제다. 호기심을 끌 만한 주제인지 아닌지가 주제 선정에서 가장 중요한 요소다.

독자들이 궁금증과 호기심이란 불꽃을 타오르게 할 수 있는 주제여야 한다. 그런 주제를 우리는 우리 자신의 삶 속에서 뽑아낼 수 있어야 한다. 여기에는 약간의 기술이 필요하다.

그런 점에서 책쓰기는 자전거 타기와 같다. 자전거 타기는 누구나 할 수 있는 일이다. 하지만 처음에는 수십 번 혹은 수백 번 넘어지는 과정이 필요하다. 한 번도 넘어지지 않고 자전거를 탈 수 있게 된 사람은 없다. 스키 타기도 마찬가지이다.

책쓰기는 이와 전혀 다르지 않다. 책쓰기의 모든 과정, 주제 선정, 서문 작성, 목차 작성, 초고 작성, 퇴고, 출간기획서 작성, 원고 투고, 출판사와 계약, 출간, 저자 강연회 등 모든 과정이 하나의 시스템이기에, 기술이 필요하다.

책쓰기의 기술은 스스로 오랜 시간 시행착오를 통해서 배우고 익히는 길이 정석이었다. 누가 가르쳐 주려고도 하지 않았고, 배우려는 사람도 없었다. 하지만 이제는 배우려는 사람도 많아졌고, 가르쳐 주려고 하는 사람도 적지 않다.

필자가 3년 동안의 지독한 몰입 독서와 그 후 3년 동안의 신들린 집필로 3년 만에 50여 권의 책을 출간하는 과정을 통해, 총 6년이란 기간을 통해 얻게 된 많은 집필 노하우와 책쓰기에 대한 본질과 원리를 누군가에게 아낌없이 전수해 준다는 것은 받는 사람 관점에서 정말 중요한 일이다.

시간과 노력을 절약할 수 있기 때문이다. 그래서 거인의 어깨 위에서 시작한다는 것은 요행을 바라는 것이 아니라, 현명한 선택일 수 있다. 책쓰기에서 가장 중요한 것은 문장력이 아니다. 그런데도 시중에 나와 있는 많은 책쓰기 책들이 문장에 집중된 것을 쉽게 발견할 수 있다.

하지만 문장이 차지하는 부분은 빙산의 일각과 같다. 보이지 않는 부분들이 빙산의 본체를 이룬다. 주제 선정도 빙산의 본체 중에 일부다. 거대한 빙산이 바다 위에 뜰 수 있는 것은 우리 눈에 보이지 않는 빙산의 본체가 존재하기 때문이다. 한 권의 책이 독자들의 마음의 바다 위에 뜰 수 있게 해 주는 것은 문장이 아닌, 주제와 같은 여러 가지 요소들이다.

필자는 바로 이런 이야기를 하고자 하는 것이다. 물론 문장력은 중요하다. 하지만 너무너무 과대평가된 것 같다. 문장력이 형편없고, 심지어 문장력이 나빠질수록 책은 더 많이 팔리고, 더 많은 인기를 얻은 위대한 문호도 존재한다는 사실을 알아야 한다.

문장력은 책쓰기의 많은 중요한 요소 중에 일부분에 불과하다는 사실을 깨우쳐야 한다. 하지만 우리는 눈에 보이는 것에 더 많은 평가를 하고,

더 많은 가치를 부여하는 것이다. 책쓰기는 하나의 요소가 월등히 뛰어나다고 해서 가능한 것이 아니다. 수많은 요소가 모두 평균 이상이 되어야한다. 그리고 그중에서도 가장 중요한 것은 주제 선정이다.

어떤 주제를 선정하느냐에 따라서 서문과 목차가 완전하게 달라지고, 문장력도 또한 달라지기 때문이다.

호기심을 유발하는 주제를 선정해야 독자들이 읽는다. 이 사실은 매우 중요하다.

출판사와 계약이 되는 주제
vs 안 되는 주제

호기심을 유발하는 독특하고 참신한 주제이지만 출판사와 계약이 되느냐 안 되느냐는 또 다른 별개의 문제다.

출판사는 일단 독자들에게 많이 읽힐 수 있는 주제를 선호한다. 하지만 이것이 전부가 아니다. 물론 출판사는 먼저 독자들에게 호기심이란 불꽃을 피워줄 수 있는 주제를 선호한다. 하지만 출판사는 여기서 멈추지 않는다. 그 이상을 좀 더 원한다.

그것은 바로 시대의 흐름이다. 시대의 트렌드와 잘 맞는 주제여야 한다. 그리고 좀 더 나아가서 출판사는 대박이 날 수 있는 주제에 목말라 한다.

정리하면, 주제는 반드시 호기심을 유발해야 할 뿐만 아니라, 그 시대의 트렌드와 맞아야 한다는 것이다.

재미있는 트렌드 중 하나는 '통장 잔고가 0원일지라도 삶은 우아하게'를 모토로 소비 스타일을 가리키는 플랜 Z 소비이다. 이런 트렌드를 접했을 때, 어떤 사람은 무심코 지나치지만, 작가는 이런 트렌드 하나에서도 출판사와 계약이 되는 주제를 뽑아낼 수 있어야 한다.

'잔고가 0원이지만, 그런데도 나는 오늘도 우아하게 산다', '가진 것 없어도 우아하게 사는 50가지 방법', '거지가 백만장자보다 더 우아하게 인생을 사는 지혜', '없어도 있는 자들보다 더 우아하게 삶을 누리는 101가지 팁' 이런 주제를 뽑아낼 수 있다면, 멋진 책을 쓸 수 있을 뿐만 아니라, 많은 이들에게 읽히는 책을 쓸 수 있다.

바로 이런 점에서 주제 선정은 쉬우면서도 가장 어렵고 까다로운 책쓰기의 첫 번째 과정이다.

아무리 좋은 주제라고 해도, 출판사와 계약이 되는 주제가 있고, 안 되는 주제가 있다. 시대의 관념과 통념을 너무 벗어나 있는 주제는 계약이 되기 힘들다.

누군가가 독특하고 참신하고 호기심을 자극하는 다음과 같은 주제의 책을 쓰겠다고 출판사를 찾아왔다면, 당신이 출판사 대표 혹은 편집장이라면 어떻게 할 것인가?

'사람을 죽이는 50가지 방법'이라는 주제다.

대부분의 출판사는 계약을 주저할 것이다. 아무리 문장력이 뛰어나고, 독특하고 참신한 주제라고 할지라도 말이다.

출판사와 계약이 되기 위해서는 정도를 벗어난 주제이거나, 시대에 너무 뒤처져있는 주제이거나 반대로 시대를 너무 앞서나간 주제여서는 안 된다. 결국, 주제 선정에서도 타이밍이 중요하다는 것이다.

독자가 읽는 주제 vs 안 읽는 주제
(독자의 관점과 편집자의 관점으로 생각하기)

주제 선정의 마지막 관문은 독자 마인드가 있느냐 없느냐이다. 주제가 아무리 독특하고 참신하고 호기심을 유발하는 주제이고, 시대의 트렌드를 잘 반영하고 있다고 해도, 그 책의 실제 독자들이 그 책을 읽을 것인가에 대해서 생각을 해야 한다.

이 모든 것이 완벽하게 갖추어진 주제라도 독자들이 읽는 주제가 있고, 안 읽는 주제가 있다. 그것은 과연 무엇 때문일까?

시대의 트렌드라고 해서 독자들 개개인들이 다 관심이 있는 것은 아니기 때문이다. 물론 이 두 가지가 일치하는 때도 있지만, 엄밀하게 따지고 보면 별개일 수 있다는 것이다.

더 큰 문제는 시대의 트렌드라고 해도 독자들이 더 관심을 가지는 것은 자기 삶의 고충이라는 점을 인식해야 한다는 것이다.

돈이 없어도 우아하게 사는 것이 시대의 트렌드이지만, 지금 당장 취업이 목마른 사람들에게는 취업 관련 도서가 더 읽고 싶은 주제다. 아이들을 잘 키우고 싶은 초보 엄마들에게 우아하게 사는 시대의 트렌드보다 더 절실하게 다가오는 것은 초보 엄마들을 대상으로 한 육아 관련 주제이다.

바로 이것이다. 독자가 읽는 주제는 독자의 현실과 밀접하게 관련된 주제다. 그 시대의 트렌드 중에서도 개개인의 독자와 거리가 너무 멀리 떨어져 있는 트렌드가 적지 않다. 독자의 관점에서 먼저 살펴봐야 할 이유가 바로 이것이다. 그리고 나서 우리가 해야 할 것은 편집자의 관점에서 살펴보는 것이다. 자신의 주제가 과연 독자와 편집자, 두 사람 모두를 만족하게 하는 주제인지를 검증해야 한다.

가장 좋은 방법은 자신의 주제에 대해서 주위 사람들에게 한마디로 던지듯이 말했을 때 주위 사람들의 반응을 보는 것이다. 무반응이 최악의 상황이다. 그런 주제는 절대 쓰지 말아야 한다. 반대로 열광적으로 반응을 한다면, 그 주제는 가능성이 있다.

- 제2장 -

2단계. "어떻게 쓸 것인가" : 목차 작성

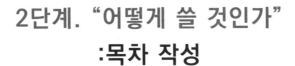

"많은 사람이 책을 읽는다. 독서가 좋다는 것, 중요하다는 것, 필요하다는 것은 누구나 잘 알고 있다. 많은 이들이 독서를 실천한다. 하지만 책쓰기를 실천하고 매일 하는 사람은 많지 않다. 더 큰 문제는 책쓰기가 누구에게나 필요한 것이고 중요하다는 사실을 알고 있는 사람, 깨닫고 있는 사람이 많지 않다는 점이다."

– 『48분 기적의 책쓰기』 중

0.5초 만에 독자를 사로잡는
5가지 비결

책을 한 권 쓴다는 것은 정말 엄청난 일이다. 한 사람의 인생이 그대로 담길 수도 있고, 누군가의 삶을 한순간에 바꾸어 놓을 수도 있어서다.

그러므로 책을 쓰는 일에는 많은 절차와 단계가 필요하다. 책을 전체적으로 구상하는 단계부터 섬세하게 구성하는 단계, 마지막 한 문장을 집필해 내는 단계, 수없이 퇴고하는 단계, 출간 준비를 하는 단계, 인쇄해서 출판하는 단계, 독자와 만나는 단계 등 수도 없이 많은 단계가 필요하다.

이 많은 단계 중에서 가장 중요한 것은 주제 선정과 목차 구성이라고 필자는 말하고 싶다. 물론 본문 쓰기도 중요하다. 얼마나 흡입력 있는 콘텐츠를 발굴하고, 그것을 얼마나 강렬하게, 쉽게 재미있게 책 속에 담고, 잘 전달하느냐 하는 것들은 모두 문장력과 표현력이다.

그전에 필요한 가장 중요한 것이 책을 어떻게 잘 구성하느냐이다. 바로 목차 작성이다. 시중에 있는 책들을 서점에 가서 만나보라. 목차들을 한번 훑어보면, 확실하게 알 수 있는 사실 한 가지가 있다.

목차라고 해서 다 같은 목차가 아니라는 사실이다. 어떤 목차는 0.5초 만에 독자를 사로잡아서 읽게 하고, 사게 만든다. 하지만 오히려 없는 것이 더 나은 목차도 있다.

어떻게 하면 0.5초 만에 독자를 사로잡을 수 있을까? 비결 5가지를 알려 주겠다.

① what을 needs로 바꿔라

첫 번째 비결은 내가 말하고 싶은 'what'을 독자가 듣고 싶어 하는 'needs'로 변경하라는 것이다.

가령, 내가 '독서법'을 말하고 싶어서 목차를 '독서법 세미나'라고 작성했다. 하지만 이 목차는 흡입력이 약하다. 그래서 독자가 듣고 싶어 하는 니즈로 변경해 보려 한다. 먼저 독자가 필요하다. 독자를 정해야 한다.

직장인으로 잡아보자. 직장인들이 필요로 하는 것은 무엇인가? 바로 보고서나 전공 서적을 빠르게 읽어 내려갈 수 있는 독해력과 속도다. 그러니 목차를 이렇게 바꾸어 보자.

> '평범한 직장인도 1시간 만에 독서 속도가 10배 향상되게 해 주는 기적의 독서 혁명 세미나.'

어떤가?

② 감성적인 글쓰기를 하라

두 번째 비결은 논리적인 것보다 감성적인 글쓰기를 하라는 것이다.

한국 사회는 책쓰기를 어려워한다. 그 이유가 바로 논리적인 글쓰기라는 함정에 빠졌기 때문이다. 물론 글은 논리여야 한다. 그래야 소통이 되기 때문이다. 하지만 너무 심하게 논리를 강조한다.

시나 소설을 보라. 논리보다 더 중요한 것은 감성이다. 실용서를 쓰는 작가들에게 논리적인 글쓰기를 강조하지만, 논리보다 더 중요한 것이 바로 감성이라는 것을 작가들은 잘 모른다.

나는 감성적인 글쓰기를 좋아한다. 오래전 아리스토텔레스도 『수사법』이란 책을 통해 논리보다 감성이 더 중요하다고 설파했다. 시간이 난다면 읽어보기를 추천한다. 하지만 재미는 없는 책이다.

자, 보자. '나는 시각장애인입니다. (그래서 불쌍하니까) 도와주세요.' 아주 논리적인 글이다. 하지만 이런 글을 보고 그 어떤 사람도 도움을 주지 않는다. 이 글을 감성적인 글쓰기로 바꾸어 보자.

'눈부시게 아름다운 봄이 왔습니다. 하지만 저는 볼 수 없습니다.'

행인을 0.5초 만에 감성을 자극해 많은 도움을 받게 했다. 책은 이렇게 쓰는 것이다.

③ 정확한 단어를 선택하라

세 번째 비결은 정확한 단어를 선택하는 것이다.

단어 선택을 잘 못하면, 문장을 아무리 잘 써도 독자들에게 전달되는 힘이 약해진다. 반대로, 단어를 잘 선택하면 엄청난 효과를 얻는다.

'편리한 햇반'이라고 했을 때는 매출이 좋지 못했다. 하지만, '맛있는 햇반'이라고 하자 매출이 껑충 뛰어올랐다. 단어 하나가 상품의 이미지를 바꾸어 놓은 것이다. '급하게 한 끼 때우는 편리한 밥'이라는 이미지에서 '엄마가 정성스럽게 해 주는 맛있는 밥'이라는 긍정적인 이미지로 바뀌게 되었다. 물론 밥맛도 중요한데, 실제로 먹어보면 맛있다. 그리고 편리하다. 하지만 어떤 단어를 부각하느냐에 따라서 매출이 달라진다는 것은 단어 선택의 엄청난 중요성을 충분히 깨닫게 한다.

필자가 존경하는 송숙희 교수님의 책에도 이런 이야기가 나온다. '당신을 포함해서 영국인 10%가 세금을 내지 않았습니다'라고 영국 국세청이 세금 체납자에게 독촉장을 보내면, 효과가 없다. 하지만 '영국인 90%가 이미 세금을 냈습니다'라는 문장으로 바꾸어 독촉장을 보냈더니, 전년 대비 9조 원 이상의 세금을 더 거두었다는 이야기다. 이처럼 단어 하나는 우리의 상상을 초월할 만큼 중요하다.

④ 군중 심리를 이용하라

네 번째 비결은 인간의 심리, 군중 심리를 이용하라는 것이다.

'소수의 사람만이 신청한 수업입니다'라고 하면 아무도 수업을 신청하지 않을 것이다. 하지만 문구를 바꾸어, '이미 많은 사람이 신청한 수업입니다'라고 하면, 수업을 신청하는 사람들이 많아진다. '인기상품', '인기작품'이라고 하면 저절로 많이 팔리는 이유도 이것이다. 누군가가 이미 많은 선택을 한 작품이기에 사람들은 군중 심리로 인해 사게 된다.

'이미 100만 독자가 선택한 책'이라는 문구는 그래서 매우 설득력 있는 홍보 문구가 아닐 수 없다. 군중 심리를 자극하고 이용하는 것이 당신의 책을 좀 더 강력하게 홍보하는 지름길이다.

⑤ 3S를 명심하라

강렬한 인상을 주는 목차를 작성하기 위한 다섯 번째 비결은 3가지를 명심하라는 것이다. 간결하게Simple, 짧게Short, 명확하게Sharp, 즉 '3S'다.

실제로 '저자 되기 프로젝트 25기'에 참여한 임○○ 작가님의 목차를 다음처럼 코치해 드린 적이 있다.

〈목차 코치 사례 1〉

주 제	절대 꿈만 꾸지 마라. [멘토 없는 청춘에게]
부 제	하루 30분 읽고 바로 실행할 수 있는 자기 혁명 프로젝트
목 차	**1장. 청춘아! 지금 네게 필요한 건 꿈이 아니야!** – 하고 싶은 것을 좋아하는 책에 써 내려가라 – 부정 마인드가 질투심 생길 정도로 긍정적 마인드를 가져라 – 청춘, 나를 사랑해 줄 연인을 기대하지 마라 – 나의 단점에 대립 항을 써봐라 – 한강 물 마실 생각 말고 차라리, 화장실에 고인 물을 마셔라 – 미치는 습관을 지녀라 – 시작이라는 도전은 기회를 가져온다 **2장. 자기운명을 바꾼 건 꿈이 아니라 실행이다** – 주제 파악은 최고의 선행학습이다 – 한 개도 못하면서 한계가 왔다고? – 일단은 실행, 이단은 없다 – 믿음에 찬물 끼얹는 의심은 No!

– 조바심이 후회를 만든다
– 열정 앞에선 무릎 꿇을 수밖에 없다

3장. 지금 당장 자기운명을 바꿀 수 있는 7가지 방법

– 자기계발서 읽고, 오늘부터 Go Go!
– TED/세바시 강연을 모티브로 나만의 강연을 한다
– '생활의 달인'에서 끈기와 우직함을 배워라
– 아빠/엄마 입장으로 나에 대한 책임을 직시하라
– 아무에게도 보여주지 않을 초 솔직한 편지를 내게 써라
– 실패의 여지를 생각지 말고 입으로 모두에게 공표하라
– 10분 일찍 하루를 시작하라 ['된다는 자기 암시와 함께']

코칭 후 변경된 목차는 다음과 같다.

주 제	청춘들을 위한 5초 실행법
부 제	인생을 바꾸는 실행 혁명 프로젝트
목 차	**1장. 청춘, 5초에 목숨 걸어라** – 지금 당장 일어서라 – 지금 당장 발을 움직여라 – 지금 당장 펜을 쥐어라 – 지금 당장 손을 움직여라 – 지금 당장 책을 쥐어라 **2장. 청춘의 열쇠, 실행 워밍업** – 시작이라는 도전은 기회를 가져온다 – 보이는 곳곳에 목표를 적어라 – 긍정은 언제나 옳다

목 차

한눈에 전체가 보이게
작성하라

'백문이 불여일견'이라는 말이 있다. 백 번 듣는 것보다 한 번 보는 것이 훨씬 더 낫다는 말이다. 목차 구성도 바로 이 점이 중요하다.

아무리 많은 이야기와 매력적인 내용을 써도, 한눈에 보이지 않으면 무용지물이다. 그래서 목차 구성에서 필요한 것이 가독성이다. 반드시 목차는 한눈에 다 보이게 작성해야 한다. 지금 이 시대의 독자들은 비주얼에 강하고, 집착한다. 가독성은 그만큼 중요하다.

그렇다면 한눈에 목차 전체가 보이게 하기 위해서는 어떻게 해야 할까?

답은 간단하다. 그저 목차의 제목들을 지금보다 반 정도만 더 압축하고 요약하면 된다. 그래서 다음과 같은 목차들이 나와야 한다.

제목 : 허세, 그거 불치병이야
부제 : 대한민국 흔한 30대의 허세 이야기
서문 : 외모 지상주의 세대에게 고한다, BE YOURSELF

이렇게 한눈에 보이는 목차가 대세다. 지금 독자들은 매우 바쁘기 때문이다. 너무나 급변하는 시대를 살아가고 있기 때문이다. 삶에 여유가 없다. 그래서 책도 허겁지겁 읽는 경우가 많다. 물론 바람직하지는 않다.

하지만 현대 독자들의 대표적인 모습은 출근 시간 혹은 약속 시각에 5분 정도 늦어서 뛰어가고 있는 그 상태의 모습이다. 그래서 한눈에 그들을 사로잡지 않는 제목이나 목차라면, 읽힐 기회가 더 없는 것이다.

우리가 목차를 한눈에 전체가 보이게 작성해야만 하는 이유가 바로 여기에 있다. 독자들은 과거처럼 교양 있고, 여유가 있어서, 좋은 책을 구하기 위해 서점 밑바닥부터 천장까지 모든 책을 일일이 다 뒤지는 그런 인내심이 강한 사람들이 아니다. 아주 바쁘고 인내심이 바닥이 난 사람들이 현대의 독자들이다.

소제목들을
모두 간결하게 만들어라

목차 제목만 간결해서는 안 된다. 소제목까지도 간결하게 작성해야 한다. 간결하게 작성하기 위해서는 시간과 노력이 필요하다.

책쓰기는 기술이다. 하지만 기술 중에서도 가장 중요한 기술은 문장 쓰기 기술이 아니다. 바로 요약하고 압축하여 간결하게 만들 줄 아는 '간결력'이다.

필자는 이 사실을 누구보다 먼저 알았고, 체험했다. 3년 동안 60여 권의 인기상품 책들을 출간하면서 말이다. 그리고 또 3년 동안 수백 명의 예비 작가들에게 책쓰기 수업을 하면서 말이다.

어떤 점에서 책쓰기는 기업 경영과 많이 닮아있다. 내가 이 사실을 깨닫기까지 그렇게 오래 걸리지는 않았다. 망해가고 있던, 망하기 일보 직전이었던 애플을 구해낸 스티브 잡스의 성공 전략도 한마디로 '심플'이었다.

스티브 잡스는 애플의 일하는 방식과 업무 프로세스를 간결하게 바꾸었고, 심지어 제품들도 간결하게 만들었다. 이러한 간결함의 힘이 애플을 살리고, 스티브 잡스를 위대한 경영자의 반열에 올려놓았다.

사람들은 간결한 것을 좋아한다. 군더더기가 있는 문장은 그래서 나쁜 문장이다. 심플하고 간결한 문장은 최고의 문장이 될 자격을 갖추었다. 목차도 마찬가지다.

간결한 목차가 긴 목차보다 백배는 더 좋은 목차다. 길면 밟힌다. 길면 집중력이 분산된다. 하지만 간결하면 살아남는다. 그리고 간결하면 독자의 집중력을 최대한으로 받을 수 있다. 간결한 소제목들을 만들기 위해서 당신은 어떻게 해야 할까?

- 첫째. 핵심만 뽑아내라.
- 둘째. 그 핵심을 압축하라.
- 셋째. 한 번 더 핵심을 압축하라.

이것이 복잡한 목차들을 쉽게 이기는 간결한 목차 작성법이다.

일이관지할 수 있는
목차가 생명이다

　많은 예비 작가들의 목차를 보면, 갑자기 전혀 상관없는 목차들이 한두 장 들어가 있는 때도 있다. 그런데 이런 경우, 심각한 문제를 일으킬 수 있다. 바로 독자들의 집중력을 흩트려버릴 수 있게 된다는 것이다.

　독자들은 일관성을 좋아한다. 인간의 본능이다. 그런데 갑자기 전혀 다른 내용의 목차가 하나 들어가 있으면 짜증이 난다. 그리고 복잡해진다. 독자들의 머릿속을 복잡하게 하는 책은 그 자체로 실격이다.

　독자와 작가가 제대로 소통하는 것이 가장 큰 책의 기능이기 때문이다. 복잡하고 애매한 목차는 그 자체로 기능 상실이다.

　일이관지하는 목차를 작성하라. 하나의 핵심 주제, 책을 꿰뚫는 하나의 핵심에서 벗어나지 않는 목차들로만 구성해야 한다.

잡지와 책의 가장 큰 차이가 바로 이것이다. 잡지에는 유용한 정보가 아주 많이 담겨 있다. 하지만 바로 이것이 잡지의 한계이며, 책과 가장 다른 점이다.

책은 유용한 정보나 주제가 딱 하나만 담겨 있어야 한다. 그것이 바로 잡지와 가장 큰 차이를 만드는 핵심 원리다.

독서법에 관한 책은 독서법이 핵심이어야 한다. 물론 독서의 이유나 성과에 관한 이야기도 언급이 되겠지만, 결론은 핵심은 줄기는 독서법이어야 한다.

책쓰기에 관한 책도 그렇다. 하지만 잡지는 아니다. 잡지에는 독서의 이유나 성과에 관한 이야기, 어떤 성공 인물에 관한 이야기, 시사 상식에 관한 이야기, 역사나 성공 기업에 관한 이야기, 정치 경제 이야기 등 하나의 핵심 줄기가 없다.

그래서 잡지를 읽은 사람은 독자가 생기지 않는다. 하지만 책을 읽으면, 독자가 생긴다. 왜냐하면, 책은 하나의 핵심 주제를 가지고 처음부터 끝까지 일관되게 주장하기 때문이다.

이것의 원리는 '수적천석水滴穿石'의 원리와 같다. 작은 물방울, 힘없는 물방울이라도 계속해서 끊임없이 돌 위의 한 지점에 떨어지면, 결국에는 돌에 구멍이 뚫린다는 것이다.

작은 문장, 하나의 문장은 힘없는 문장일 수 있다. 하지만 한 가지 주제(하나의 지점)에 대해 계속 이야기하면, 결국 바윗돌과 같은 독자의 단단한 마음은 뚫리고, 독자가 되고, 팬이 된다.

최고의 목차
vs 최악의 목차

최고의 목차는 어떤 목차이고, 반대로 최악의 목차는 어떤 목차일까?

답은 간단하다.

최고의 목차는 작가의 메시지를 누구보다 쉽게 독자들이 이해할 수 있게 한눈에 보여주는 목차다. 그렇게 하려면 목차는 반드시 책의 핵심 주제만을 골라내 독자의 눈높이에 맞추어야만 한다.

최고의 목차를 작성하기 위해 작가는 독자의 니즈를 알아야 하고, 독자의 심리와 수준을 파악해야 한다. 그렇게 하려면 가장 필요한 것은 통찰력과 관찰력이다.

그렇기 때문에 훌륭한 작가들은 모두 세상을 여러 개의 눈으로 살피고 바라보고 통찰하는 사람들이다.

똑같은 세상과 현상을 바라보지만, 작가들은 더 많은 것들을 더 다르게 바라보고 인식해야 한다. 여기서 작가들이 삶을 한 번 살지만, 여러 번 살아내는 것과 같은 효과를 누리게 된다.

최악의 목차는 한마디로 책의 주제와 내용이 한 번에 알 수 없는 목차이다. 과유불급이란 말을 기억하자. 지나치게 많은 것을 목차를 통해 보여주려고 욕심을 내기 때문에 최악의 목차가 탄생한다. 어깨에 힘을 빼야 한다. 힘을 빼면 더 빨라지고 정확해진다. 목차 작성할 때도 마찬가지다.

목차를 작성한 후에는 반드시 목차를 다듬어야 한다. 목차를 다듬을 때는 다음과 같은 점들을 눈여겨 살펴야 한다.

- 첫째. 핵심 주제가 제대로 표현되었는가?
- 둘째. 재미있고 쉽게 표현되었는가?
- 셋째. 책의 내용과 맞는 목차 구성인가?
- 넷째. 표현이 정확하고 간결한가?
- 다섯째. 복잡하고 장황한 표현은 없는가?
- 여섯째. 목차들이 너무 길거나 어렵게 표현된 것은 없는가?

- 일곱째. 맞춤법과 띄어쓰기가 잘 되었는가?

- 여덟째. 독자의 눈높이에 맞추어 작성하였는가?

- 아홉째. 일목요연하고 가독성이 좋은가?

책에는 자기 생각이나 주장이 담겨 있어야 한다. 그럴수록 귀해진다. 목차에는 이러한 작가의 생각이나 주장이 쉽게, 간결하게, 재미있게 표현되어 있어야만 한다. 그래야 독자에게 읽힐 기회를 얻는다.

목차는 무엇보다 단순해야 한다. 복잡하고 어려우면 절대 안 된다.

〈목차 코치 사례 2〉

먼저 코치를 받기 전 목차다. 다양한 버전이 있었지만, 그중에서 조금 더 나았던 목차를 예시로 가져왔다. (http://cafe.naver.com/collegeofkim/6510 혹은 http://cafe.naver.com/collegeofkim/6519를 클릭해 보면 초고 상태의 목차를 볼 수 있다.)

목 차	1장. **나는 박정수다** - 공부가 이렇게도 싫을 수 있을까? - KTX에서의 화려한 생활 그리고 과감한 사직 - 쥐약을 드시겠다고?

수업과 코치를 받고 난 후, 출간된 책의 최종 목차는 이렇다.

제 목	나는 갭 투자로 300채 집주인이 되었다
목 차	

3단계. "누구에게 왜 쓰는가"
:서문 작성

"세상과 자신을 매개하는 책을 어떻게 쓸 것인가? 사람과 사회를 통찰하는 책쓰기
에 대한 무한한 가치를 어떻게 조명할 것인가? 인생을 송두리째 바꾸어버리는 막
강한 마법을 가진 책쓰기에 관한 무한의 탐구를 어떻게 펼칠 것인가?"

- 『48분 기적의 책쓰기』 중

본문보다 쓰기 어려운
서문 작성법

서문과 본문 중에서 쓰기가 더 어려운 것은 무엇일까? 서문은 본문에 비해 양이 백 분의 일도 되지 않는다. 하지만 서문은 본문보다 더 중요하다. 왜냐하면, 서문의 질이 책의 구매 여부를 결정짓기 때문이다.

많은 독자는 제목을 훑어보고, 목차를 살핀다. 그렇게 제목과 목차가 마음에 들면, 그때 가장 많이 살피는 대목이 바로 서문이다.

그러므로 서문의 작성 방향과 내용이 잘못 들어가면, 낭패를 보게 된다. 서문을 잘못 작성하면, 틀림없이 자신의 독자가 될 사람조차 돌아서게 만들 수 있다. 그렇다면, 서문은 어떻게 작성해야 할까?

서문은 한마디로 초대장과 면접이라고 생각하면 쉽게 이해가 갈 것이다. 초대장에는 누가 결혼을 하는 것인지, 또 무슨 일로 초대를 하는 것인지에 대해 적혀 있다. 그리고 이것보다 더 중요한 두 가지가 담겨 있다.

바로 언제^{when}, 그리고 어디서^{where}이다.

서문을 초대장이라고 생각하면, 이 '언제'와 '어디서'에 해당하는 것이 있다. 바로 왜^{why}와 무엇^{what}이다. 즉 서문에는 반드시 왜 독자들이 이 책을 읽어야 하는지에 대한 언급이 있어야 하고, 이 책은 무엇에 관한 책인지에 대한 사항도 반드시 언급되어 있어야 한다. 왜냐하면, 이 두 가지가 있어야 독자는 비로소 결단을 내릴 수 있기 때문이다.

그리고 이 두 가지를 담는 순서도 매우 중요하다. 가장 먼저 언급해야 하는 것은 왜^{why}이다. 왜 독자인 당신이 이 책을 읽어야 하는지? 당신이 이 책을 읽지 않으면 안 되는 이유에 대해서 강하게 설파를 해야 한다. 그러고 나서 이 책의 주제나 핵심 내용에 대해서 정확하게 설명을 해 주어야 한다.

독자의 판단을 돕기 위해서다. 그리고 한편으로는 이 책의 전체 내용을 한마디로 꿰뚫어 볼 수 있는 문장을 강렬하게 사용해야 한다. 독자들은 간결하고, 쉽고, 잘 이해가 되는 문장을 좋아한다. 서문은 두말하면 잔소리다.

서문을 아주 쉽게
작성하는 팁

서문은 그 글을 읽을지 말지를 독자들이 결정하는 아주 중요한 평가 잣대다. 하지만 서문 작성이 쉽지는 않다. 그래도 방법은 있기 마련이다.

서문을 아주 쉽게 작성하는 필자만의 팁을 공개하면 이렇다.

먼저 서문을 작성하는 가장 쉽고 세련된 방법, 프로답게 보이는 방법이 있다. 바로 '멋진 인용구로 시작하는 것'이다.

멋진 인용구로 시작하면, 반 이상을 거저먹고 들어갈 수 있다. 실제로 밋밋한 서문을 작성한 수강생에게 멋진 인용구를 서문의 도입부에 넣게 하여, 계약과 출간에 성공한 사례가 있다. 그 수강생분의 책은 벌써 출간되었고, 좋은 책의 저자가 되었다. 그분께서 책이 출간되었다고 기뻐하며 감사하다며 책을 들고 찾아오셨을 때가 갑자기 떠오른다.

필자에게 가장 큰 기쁨과 보람은 바로 이런 것이다. 수강하신 분이 필자 덕분에 책이 출간되었다고 자신의 책을 들고 찾아와서 웃으면서 차 한 잔하면서 수업 시간의 추억을 되새기는 것이다. 이 얼마나 기쁘고 행복한 순간인가?

내게는 이런 순간이 너무나 많다. 기쁘고 행복하다.

그때 사용한 멋진 인용구가 궁금한가? 바로 이 인용구이다.

〈죽음, 당신의 선택은?〉

"무릇 사람은 다 죽는다. 죽음 중에는 태산처럼 거룩한 죽음이 있는가 하면 깃털처럼 가벼운 죽음도 있다. 〈 [사기], 사마천, 열전 70편 〉"
친구 임안에게 보낸 편지 내용이다.
거룩한 죽음과 가벼운 죽음의 선택은 시니어 당신 몫이다.

놀라지 마라.
시니어에게 은퇴는 반드시 온다.

당신, 은퇴 준비는 어떤가?
당신은 해제 장치가 없는 시한폭탄이 되고 싶은가?

얼마 전 거제도 출장길에 거가대교 해저터널을 통과한 적이 있다.
밝은 곳에서 어두운 터널에 들어가 빠져나올 때 그 기분은 얼마나
황홀한가?

시니어는 지금까지 타인 본위*位,
다른 사람을 흉내 내는 삶을 살아왔다.
이제부터 자기 본위로 살고 싶은 욕구는 없는가?
자기 일과 자신의 개성을 정확히 만나는 삶을 살자는 것이다.

주목할 만한 것은 대부분 시니어는 빈곤의 구렁텅이에 서서히 빠지고 있다.
다시 한번 강조하지만, 시니어에게 은퇴는 반드시 온다.

〈 [10만 시간의 공포], 김흥중 저, 서문 〉
* 출간 기획 당시의 서문이기에 출간된 책 서문과 다소 다를 수 있음

　서문을 아주 쉽게 작성하는 또 다른 팁은 에피소드, 즉 예화로 시작하는 것이다. 그것도 아주 강렬한 예화로 말이다. 강렬할수록 그 책은 많이 읽힐 수 있다. 또, 서문을 에피소드, 예화로 시작하면 그만큼 쉽게 서문을 시작할 수 있다.

본문보다 10배 강한
서문 만드는 법

어떻게 하면 많은 독자에게 읽힐 수 있을까?
독자들은 어떤 책을 읽을까?

서문은 본문보다 10배 강하다. 한마디로 서문이 강한 책을 그렇지 못한 책보다 더 많이 읽는다고 필자는 생각한다. 서문은 면접이나 첫 만남과 같은 것이기 때문에, 책의 첫인상을 결정짓는다.

제목이나 목차는 정확히 제목, 목차 그 자체이지만, 서문은 제대로 된 책의 첫 부분이다. 문장력을 알 수 있는 첫 부분이며, 이 책의 내용과 방향, 콘셉트와 스타일, 작가의 사상과 철학 이 모든 것을 비로소 알 수 있는 첫 부분이다. 그래서 매우 중요하다.

서문은 그 책의 가치를 제대로 보여주고, 독자의 구매 여부를 더욱더 확실하게 결정짓게 해 준다.

그런 점에서 서문은 단순한 문장력으로 작성해서는 안 된다. 반드시 독자를 유혹하고, 심지어 최면을 거는 글쓰기를 해야 한다고 필자는 항상 강조한다.

최면을 걸기 위해서 가장 먼저 당신이 사용해야 할 것은 마법의 단어들이다. 언어학자들이 단어마다 사람들에게 끼치는 심리적 영향이 다르다는 것을 발견했다. 그래서 같은 의미라도 어떤 단어는 다른 단어보다 훨씬 더 강렬한 인상을 독자에게 줄 수 있다는 사실이 알려졌다. 그렇다면 강렬한 서문은 어떻게 만들 수 있을까?

① **마법의 단어 사용하기**
첫 번째는 마법의 단어를 사용하는 것이다.
대표적인 마법의 단어는 이런 것들이다.

기적 / 새로운 / 놀랄만한 / 혁명적인 / 주목할 만한 / ~에 관한 진실

---

② 멋진 인용구나 질문으로 시작하기

두 번째는 멋진 인용구, 혹은 질문으로 시작하는 것이다.

첫 문장이 매우 매우 중요하다. 다시 말해, 첫 번째 한 문장이 나머지 모든 문장보다 더 중요하다고 할 수 있다. 왜 그럴까? 학자들이 조사한 적이 있다. 책의 첫 번째, 두 번째, 세 번째 문장까지 읽힌 책은 끝까지 읽힐 확률이 엄청나게 높아진다는 사실을 말이다.

③ 결론부터 말하기

세 번째는 핵심으로 들어가, 결론부터 내던지는 것이다.

인간은 본능적으로 힘에 약하다. 힘이 넘치는 사람에게 순종하고, 복종하고, 카리스마를 느끼게 되어있다. 문장도 이와 다르지 않다. 힘이 넘치는 문장과 책에 열광하고, 빠져들게 되어있다.

그러므로 결론부터 용감하게 내던지는 작가가 독자를 사로잡을 수 있다. 그래서 글을 잘 쓰는 작가보다 용기 있는 작가가 더 많은 독자를 거느리게 되는 것이다.

서문의 필수 조건
한 가지

서문과 본문 쓰기에 하나같이 통하는 필수 조건이 있다. 그것은 바로 kiss 기법이다.

"Keep it simple, stupid!"
즉, 멍청이도 쉽게 이해할 수 있게 심플하게, 쉽게 작성하라는 것이다.

필자를 찾아오는 많은 수강생 중에 가장 기억에 남는 한 분이 있다. 하버드 대학교를 졸업하고, 국내에서 회사를 경영하던 중견 기업인이었다. 이분이 쓰고자 하는 책의 내용과 방향은 명확했다. 하지만 책의 내용이, 특히 본문이 너무나 복잡하고 어렵게 작성되어 있었다. 목차나 서문 작성은 전혀 하지 않고, 본문부터 계속 썼다고 했다. 필자에게 가장 힘든 수강생은 바로 이런 타입이다.

책을 구상하고, 그것을 통해 제대로 된 주제와 부제를 선정하고, 그 주제를 다듬어 구체적으로 만들고 나서, 목차 구성을 해야 한다. 그렇게 목차 구성이 된 후부터 본문을 집필하는 것이 필자의 경험상, 가장 최적의 순서이고 루틴이다.

그런데 이분은 책을 구상하고 구성하는 과정을 생략하고(어떻게 하는 것인지도 몰랐다) 본문만 계속 작성했다. 결국, 이런 분들은 책 쓰는 것이 가장 힘들고 어려운 길을 스스로 선택한 꼴이 된다.

천신만고 끝에 책이 출간되면 다행이다. 더 중요한 것은 출간 이후다. 이렇게 책의 구상 및 구성 과정 없이 본문부터 작성한 책들은 하나같이 복잡하고 어렵다. 그 결과는 참혹하다. 아무도 읽어 주지 않는다.

서문은 처음으로 제대로 독자와 만나는 공간이다. 그 첫 만남의 장소에서 언어가 다르다면, 어떻게 할 것인가? 쉽고 짧고 간결하게 작성하지 않았다면, 그 서문은 쓰레기통에 버리고 다시 작성하는 것이 백 배 더 낫다.

명심하라.

읽히는 않는 책은 책이 아니다. 그러므로 쉽게 쓰는 것이 최고의 기교다.

뉴로라이팅
글쓰기를 하라

서문은 반드시 독자의 인상에 강렬한 흔적을 남겨야 한다. 독자의 뇌에 강렬한 흔적을 남기기 위해서는 뉴로라이팅^{neuro writing}을 해야 한다.

뉴로라이팅은 필자가 처음 사용한 용어다. 마케팅에 뉴로 마케팅^{neuro marketing}이라는 용어가 있다. 뇌 속에서 정보를 전달하는 신경이 바로 뉴런^{neuron}인데, 이 용어와 마케팅을 결합한 용어가 뉴로 마케팅이다. 소비자의 무의식적인 감정과 구매행위 등의 두뇌활동을 분석하여, 마케팅에 접목한 것이다.

글쓰기에서도 필자는 오래전부터 뉴로라이팅을 해 오고 있었다.

수강생들에게 좀 더 빨리, 좀 더 확실하게 책쓰기를 가르치기 위해서 자연스럽게 강조한 글쓰기가 바로 뉴로라이팅이었다.

뉴로라이팅은 한마디로 뇌 속의 신경인 뉴런과 라이팅의 합성어로서, 독자의 무의식적 반응을 불러일으키는 글쓰기를 통해 좀 더 강력한 글쓰기를 하고자 하는 것이다.

뉴로 마케팅의 한 예는 광고의 경우, 모델의 오른쪽 얼굴보다 왼쪽을 더 많이 사용한다고 한다. 그 이유는 우리의 감정표현이 더 잘 되는 쪽이 얼굴의 왼쪽이기 때문이다. 그 이유는 감정표현을 더 풍부하게 하는 뇌는 우뇌이다. 그리고 그 우뇌와 직접 연결된 얼굴은 왼쪽 얼굴이기 때문이다.

뉴로라이팅도 이와 다르지 않다. 논리적인 글쓰기에 영향을 받는 좌뇌보다는 우뇌, 즉 감성적인 글쓰기를 강조하고 많이 하게 해 준다. 그것이 바로 뉴로라이팅 기법이다.

많은 예를 들고 있는 실화가 있다. 배경 상황 설명은 각설하고, 두 문장 비교만 해 보자.

- 첫 번째 문장: "나는 시각장애인입니다. 도와주세요."
- 두 번째 문장: "눈부시게 아름다운 날입니다. 하지만 난 그것을 볼 수 없습니다."

필자는 이 두 문장을 다르게 해석한다. 이 두 문장의 차이는 정확히 무엇일까? 공감대 형성의 차이라고 말하는 사람도 있지만, 필자는 다르게 해석한다.

첫 번째 문장은 논리적 글쓰기의 문장이다. 나는 시각장애인이고, 그래서 불쌍하다. 그러므로 당신이 도와주어야만 한다. 굉장히 논리적이다. 하지만 사람들은 움직이지 않는다.

두 번째 문장은 감성적 글쓰기의 문장이다. 눈이 부실 정도로 아름다운 날이 왔다. 그런데 그 아름다운 날을 나는 볼 수 없다. 그 이유는 중요하지 않다. 중요한 것은 눈부시게 아름다운 것을 볼 수 없다는 사실이다. 그리고 그 사실은 문장을 읽는 이들의 무의식, 뇌를 자극한다. 바로 감성적인 글쓰기이다.

뉴로라이팅은 인간은 의식적으로 판단하고 행동하는 이성적인 동물이라는 가정이 조금씩 흔들리고 있는 이 시대에 맞는 새로운 글쓰기이다. 인간은 매우 감성적이고, 무의식적으로 반응하는 경향이 강한 존재라는 것을 전제로 한다.

인간은 의식보다 무의식의 지배를 더 많이 받는다는 사실이 점차 알려졌다. 필자는 바로 그 무의식을 자극하는 글쓰기를 시도하는 것이다.

서문의 마법
3W

서문에는 반드시 이 책이 어떤what 책인지, 왜why 쓰는지, 그리고 마지막으로 누가who 읽어야 하는지에 대해서 언급이 되어있어야 한다.

이것만 있으면 된다. 이것이 서문의 마법 '3W'이다.

이것이 없는 서문은 독자들의 구매 여부 결정에 도움을 주지 못한다. 이 세 가지가 가장 중요한 요소여서다. 즉, 서문 작성의 요점은 '누구who에게 왜why 무엇what을 쓰는가'이다. 이것이 정확하고 명료해야 한다.

말은 쉽다. 하지만 실제로 실습을 시켜 보면, 서문을 정확하고, 명료하게 작성한다는 것이 서울대에 입학하기보다 더 어렵다는 사실을 누가 알 것인가?

서문은 책의 시작이다. 시나 소설이 아닌 책에서 그 중요성은 더욱더 두드러진다. 책의 전체 내용을 일이관지할 수 있는 하나의 문장으로 책을 끝까지 꿰뚫어 버려야 하기 때문이다.

시작 방법은 여러 가지일 수 있다. 하지만 서문의 가장 필수적이고 고유한 기능은 본문이 지향하는 목적을 명확하게 드러낸다는 데 있다. 이 책을 쓰는 목적, 즉 이유를 반드시 밝혀야 한다.

그렇게 되면 누구에게 무엇을 쓰는 것인지는 자연스럽게 뒤따라오게 된다는 것을 알게 된다. 많은 책을 써 보면 이러한 패턴과 흐름을 익힐 수 있다.

서문이 갖추어야 할 가장 큰 마법은 독자들이 본문을 읽게 만들어야 한다는 것이다. 그런 점에서 이러한 마법의 힘을 가진 것은 3W 중에서 하나밖에 없다. 바로 왜^{why}이다.

이 사실을 잘 설명해 준 책이 바로 사이먼 사이넥의 『나는 왜 이 일을 하는가』이다. 이 책을 보면, 위대한 리더들은 직원들에게 무엇을^{what} 해야 할 것인가에 대해 먼저 이야기하지 않는다고 한다. 그들은 항상 왜^{why} 이 일을 해야 하는가에 대해서 먼저 이야기를 한다는 것이다.

즉, 골든 서클에서 보면, 밖에서부터 안으로 들어가는 것이 일반적인 리더의 패턴이지만, 많은 사람의 행동을 유발한 위대한 리더들의 패턴은 반대로 안에서부터 밖으로 나온다는 것이다. 위대한 리더들의 소통 방식은 '무엇'이 먼저가 아니라 '왜', 즉 '신념', '믿음', '이유'가 먼저라는 것이다.

서문의 최대의 기능인 본문을 읽게 하려고 우리가 사용해야 할 강력한 힘은 바로 '왜'인 것이다.

〈서문 코치 사례〉

다음은 이미 책이 출간되어 좋은 반응을 얻었던 수강생 한 분이 작성한 첫 서문이다.

〈자폐, 그 놀라운 비밀을 밝힌다〉

자폐, 눈 맞춤이 안 되는 장애로만 알고 있습니까?
그럼 혹시 당신의 아이는 자폐입니까?
그래서 지금 언어치료, 놀이치료를 하고 있습니까?

자폐증은 선천적일까요?
후천적이라면 그 원인에 대해 알고 있습니까?
원인을 모르고 접근하는 치료방법이 효과가 있을까요?

이 질문들에 대한 답을 찾고자 많은 부모님이 병원을 찾는다. 각종 검사와 평가를 마치고 의사 선생님께 묻는다. 소아청소년과 전문의는 진단평가를 하는 사람이지 직접 치료를 하고 임상경험이 있는 분들이 아니다. 그래서 의사 선생님들이 해 줄 수 있는 최선의 말은 '열심히 언어치료, 감각통합치료 하세요'이다.

나는 30년간 자폐아들을 만났다. 내가 어렸을 땐 자폐아의 친구였고, 지금은 그들의 선생님이고 치료사이다. 나의 아버지, 어머님은 내가 3살 때부터 자폐증에 관한 연구와 치료 교육을 시작하셨다. 현재도 함께 센터를 운영하고 있고, 내 언니, 내 남동생, 올케, 나의 남편까지 함께하고 있다. 온 가족이 자폐 아동을 위해 일하고 있다.

2013년에 개정된 정신질환 진단 및 통계편람DSM-5에 의하면 자폐를 자폐스펙트럼장애 ASD로 바꿔 부르기 시작했다. 이유는 자폐성 장애가 매우 광범위하기 때문이다. 특징, 성향, 원인, 배경이 정말 천차만별이다. 그러므로 내 아이가 자폐라면 내 아이의 특징과 성장 배경을 제대로 알아야 효과적으로 치료할 수 있다.

한 분야에 전문가가 되려면 10,000 시간을 채워야 한다는 일만 시간의 법칙이 있다. 우리 가족이 자폐와 함께 한 시간은 무려 5만 시간이 넘는다. 전문가를 뛰어넘어 고수 중에 초고수로 인정할 수 있다.
자폐에 대해 누구의 이야기를 들을 것인가? 전공 서적, 논문으로 공부한 이들에게 책의 요약된 내용을 들을 것인가? 아니면 온 가족이 30여 년을 헤매고 찾아서 알아낸 자폐에 대한 혁신적인 이야기를 들을 것인가? 여기에 그동안 꽁꽁 싸매고 있었던 자폐의 비밀을 밝히고자 한다.

다음은 수업과 코치 후 원고 투고할 당시의 최종 서문이다.

〈천재 과학자, 아인슈타인이 자폐증이다?〉

〈굿닥터〉 박시온의 모습은 사실일까?
자폐는 평생 극심한 장애를 갖고 살게 되는 걸까?

자폐는 한자로 '自閉'다.
'스스로 문을 닫았다'는 뜻이다.

굳게 닫은 문밖에서 보면 도무지 안에 뭐가 있는지 알지 못한다.
껍데기만 보고 있다.

당신이 알고 있는 것들은 가짜였다.
자폐에 대해 껍데기만 알고 있었다.

2013년 개정된 정신질환 진단 및 통계편람DSM-5에 의하면 자폐를 자폐스펙트럼장애 ASD로 바꿔 부르기 시작했다. 이유는 자폐성 장애가 매우 광범위하기 때문이다. 특징, 성향, 원인, 배경이 정말 천차만별이다. 그러므로 내 아이가 자폐라면 그 특징과 성장배경을 제대로 알아야 효과적으로 치료할 수 있다.

나는 자폐아동들을 수없이 만났다. 그것도 30년 동안.

내가 어렸을 땐 자폐아동의 친구였고, 지금은 그들의 선생님이고 치료사이다. 나의 부모님은 내가 3살 때부터 자폐증에 관한 연구와 치료 교육을 시작하였다. 현재도 함께 센터를 운영하고 있고, 내 언니, 내 남동생, 올케, 나의 남편까지 함께하고 있다. 온 가족이 자폐 아동을 위해 살고 있다.

한 분야에 전문가가 되려면 10,000시간을 채워야 한다는 일만 시간의 법칙이 있다. 우리 가족이 자폐와 함께 지난 30년간의 세월은 무려 5만 시간이 넘는다. 전문가를 뛰어넘어 고수 중에 초고수로 인정된다.

당신의 아이가 자폐인가? 친척 중에 자폐아동이 있는가? 그렇다면 껍데기만 보고 말하는 자폐의 거짓 정보들을 피해야 한다. 나는 이 책을 통해 30여 년을 헤매고 찾아낸 자폐에 대해 놀라운 이야기를 할 것이다. 자폐에 대한 진짜 이야기, 껍데기가 아닌 진짜 알맹이를 보여줄 것이다.

당신의 아이가 자폐가 될 가능성은 2.4%다. 자폐, 결코 남의 일이 아니다. 자폐증 알고 나면 치료 불가능한 것이 아니다. 잘 모르기 때문에 자꾸 엇나가는 것이다. 자폐의 진짜 모습을 알면 치료할 수 있다.

- 내비게이션 없이 길 찾기
- 나침반 없이 항해하기
- 설명서 없이 최신기계 만지기

위의 3가지 해 보았는가? 할 수 있겠는가? 이보다 더 어려운 것이 이 책을 읽지 않고 자폐를 이해하는 것이다. 이 책이 자폐 아동을 치료하고 그들과 소통하기 위한 나침반이자 내비게이션이고, 가장 정확한 설명서이다.

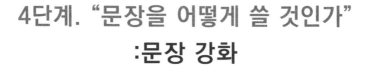

4단계. "문장을 어떻게 쓸 것인가"
:문장 강화

"직업에는 귀천이 없다. 하지만 조금 더 강력한 성공 도구는 있다. 조금 더 효과적으로 부자가 되게 해 주는 것은 있다. 돈도 없고, 빽도 없는 사람은 성공하기 힘들다. 세상이 그렇다. 세상은 항상 불공평했다. 지금도 그렇고, 내일도 그럴 것이다. 하지만 희망은 있다. 돈도 없고, 빽도 없는 사람도 성공할 수 있는 분야가 있다. 바로 책쓰기다." -『48분 기적의 책쓰기』 중

문장의
제1원칙

"말이나 글은 뜻을 전달하면 그만이다."

〈 [논어], 공자 〉

[논어] '위령공' 편에 나오는 공자의 말이다.

서양에서는 아리스토텔레스가 비슷한 의미의 말을 했다.

"문장의 제1 요건은 명료함이다."

〈 [에우데모스 윤리학], 아리스토텔레스 〉

이처럼 문장은 반드시 그 대상을 명료하게 보여주어야 한다. 작가의 생각과 주장을 명료하게 보여주지 못하는 문장은 그 기능을 다하지 못하는 것이다. 왜 그럴까?

글이 오해의 소지를 남겨서는 안 되기 때문이다. 공자의 말처럼 글의 최대 기능은 전달이며 소통이다. 그런 점에서 '문장을 어떻게 써야 할 것인가?'에 대한 답은 정해져 있다.

바로 '쉽고 명료하게 짧게 써야 한다'는 것이다.

이것은 진리다. 이보다 더 큰 문장론이 있다면 가지고 와 보라. 1박 2일 동안 토론해 보고 싶다. 5,000년 동안 살아남은 유일한 문체는 간결체였다. 미국을 대표하는 최고의 문학가 헤밍웨이의 문체 역시도 간결체였다.

필자의 첫 번째 책쓰기 책인 『김병완의 책쓰기 혁명』에서 문장론에 관해 이 책보다 더 자세하게 다룬 부분이 있다. 그 책과 이 책을 모두 읽어본다면 훨씬 더 좋을 것이다. 다음은 그 책에서도 소개한 내용인데, 조선시대 훌륭한 문장가 중 한 명이었던 박지원이 쓴 『공작관문고자서』에 이런 말이 나온다.

"글이란 뜻을 나타내면 그만일 뿐이다. (문이사의)"

명심하자. 이처럼 문장의 제1원칙은 뜻을 명확하게 전달하는 것이다.

문장의 길이가
가장 중요하다

필자가 수업 시간과 코치 시간에 가장 많이 하는 본문 첨삭이 바로 문장의 길이를 줄이는 일이다. 초보 작가들이 가장 많이 저지르는 실수는 다른 것이 아니라 문장이 너무 길다는 것이다.

짧은 문장에 대해 강조한 위대한 인물은 한두 명이 아니다.

헤밍웨이는 강력하게 주장한다. "짧은 문장을 쓰라", "짧은 단락을 쓰라"고 말이다.

쇼펜하우어도 그렇다. "간결한 문체는 훌륭한 글쓰기의 첫걸음이다."

퓰리처도 당연히 짧은 문장을 강력하게 추천하다. "짧게 써라, 그래야 읽힌다."

중국 최초의 문학 비평 이론서인 『문심조룡』의 저자인 유협은 이런 말까지 했다.

"간결한 문장이 아름답다."

필자가 문장의 길이를 매우 중요하게 여기는 더 중요한 이유가 있다. 그것은 바로 짧은 문장이 긴 문장보다 훨씬 더 우리말 바로 쓰기에 근접해 있다는 사실을 발견했기 때문이다.

이오덕 선생의 『우리글 바로 쓰기』 1~5권을 읽은 후 확실하게 알 수 있는 한 가지 사실은 긴 문장은 틀린 문장일 가능성이 크다는 것이다.

수강생들에게 더 좋은 수업과 코치를 하기 위해 필자는 3년 동안 60권의 책을 출간하는 엄청난 경험과 내공을 쌓았음에도 불구하고, 지난 3년 동안 끊임없이 책쓰기 책들을 수도 없이 보고 공부해 왔다. 그러던 과정에서 웬만한 책쓰기 책들은 한두 번 이상 다 읽어보았는데, 그중에서 백미라고 할 수 있는 몇 권의 책이 추려졌다.

그 몇 권의 책 중에 한 권이 바로 이오덕 선생의 책과 장하늘 선생의 책이었다. 그리고 그 두 책 중에서도 우리글 바로 쓰기의 정수는 이오덕 선생이었다.

그분의 책을 보면, 우리가 길게 쓰는 문장들이 대부분 문법적으로, 우리글 바로 쓰기에 어긋나는 표현들이라는 사실을 발견하고, 굉장히 놀란 적이 있었다. 그런데 왜 우리글은 유독 길게 쓰면 문장의 맛과 멋이 흐트러지고, 문법도 틀리게 되는 것일까?

나는 이것이 궁금했다.

그래서 내가 내린 결론은 이것이다. 세종대왕이 한글을 창제하실 때, 평범한 서민들도 쉽고 정확하게 쓸 수 있는 글을 만들었기 때문이다. 그래서 원래 우리글은 세계에서 가장 쉽고 정확하고 간결한 글이다.

하지만 일제강점기 전에는 중국의 한자 때문에, 일제강점기 때는 일본어 때문에, 해방 이후에는 영어 때문에 한글이 삼중고로 복잡다단한 글이 되어버렸다.

그래서 필자는 수업 시간에 이 세 나라의 말들을 철저하게 배척하는 순수한 우리글 바로 쓰기에 대해 열강하기도 한다. 왜냐하면, 우리의 글은 우리의 정신이기 때문이다.

우리가 태어나서 죽을 때까지 영어만 사용하면, 영어권의 정신과 문화만 경험하는 사람이 된다. 하지만 한국어를 사용함으로 한국의 정신과 문화를 경험하고, 그 정신을 이을 수 있다.

그런 점에서 우리글 바로 쓰기는 우리가 목숨을 걸고 지켜야 하고, 회복시켜야 할 과제이기도 하다.

칼리지만의 글쓰기 방법: 뉴로라이팅!
(논리적인 글쓰기를 뛰어넘는 칼리지 글쓰기 방법)

앞서 뉴로 마케팅이라는 말을 언급했다. 뇌 과학과 마케팅의 만남이다. 뇌 속에 정보를 전달하는 뉴런과 마케팅의 합성어인 뉴로 마케팅은 인간의 인지 과정을 중심으로 소비자들이 행동 메커니즘을 뇌 과학에서 찾고 있는 새로운 마케팅 기법이다.

뉴로 마케팅에 대해서는 인터넷을 검색하면 훨씬 더 자세하게 알 수 있다. 그러므로 여기서는 생략한다. 하지만 인터넷에 검색을 아무리 해도 알 수 없는 것이 있다. 바로 필자가 사용하고 있는 '뉴로라이팅'이다. 뉴로라이팅이라는 용어는 필자가 이 책을 통해서 세상에 처음 사용하는 글쓰기 기법이다.

뉴로라이팅은 인간의 의식보다 무의식의 반응 및 인지 과정을 기반으로 한 뇌 과학을 글쓰기에 접목해 좀 더 효과적인 글쓰기를 하는 기법을 말한다.

독자들의 마음은 작가들만 모르는 것이 아니다. 독자 자신도 잘 모르고 있다. 왜냐하면, 우리 인간은 무의식의 지배를 더 많이 받기 때문이다.

이것이 잘트먼 교수의 주장이기도 하다. 제럴드 잘트먼은 하버드 대학교의 경영대학원 마케팅 교수이기도 하지만, 마음, 뇌, 행동 연구소의 소장이기도 하다. 그의 주장이 최근에 엄청난 반향을 일으키고 있다.

"인간의 욕구는 5%만 겉으로 드러난다. 95%는 무의식의 지배를 받는다."
"인간의 사고는 95%가 무의식 중에 발생한다."

결론은 이것이다. 인간의 생각과 감정과 학습 과정의 95%는 의식이 아닌 무의식 상태에서 발생한다는 것이다. 잘트먼 교수의 주장은 지금 세상을 뒤흔들고 있다. 필자도 그의 주장에 대해 100% 동감한다. 아니 오히려 그 이상으로 열광하고 있다.

새롭게 떠오르고 있는 강력한 마케팅 조사 도구인 ZMET도 역시 잘트먼 교수가 만든 것이다. 이 기법은 소비자의 무의식 속에 있는 은유와 이미지를 발견해서 이것을 이용하는 기법이다. 쉽게 말해, 음료수 광고를 할 때, 북극곰과 사자 중에서 누구와 함께 등장시키면 소비자가 더 시원하게 무의식중에 느끼게 될까? 바로 북극곰이다.

글쓰기를 할 때도 이러한 인간의 무의식과 뇌 과학을 기반으로 글쓰기를 하게 하는 글쓰기 기법이 바로 뉴로라이팅이다. 뉴로라이팅 글쓰기를 잘 하기 위해서는 뇌 과학에 대한 지식이 풍부해야 한다.

뇌 과학을 많이 알수록 독자인 인간의 심리를 넘어, 무의식을 지배할 수 있기 때문이다. 인간은 무엇보다 무의식에 조종당하는 동물이다. 인간은 의식적 판단 전에 이미 무의식이 판단한다는 사실이 알려졌다.

뇌 과학에 대해 필자는 3년 만권 독서를 할 때 매우 관심이 많았다. 그래서 도서관에 있는 뇌 과학책이란 책은 다 읽었던 것 같다. 그래서 그 덕분에 뇌 과학에 관한 책도 집필할 수 있게 되었고, 운이 좋게도 지금은 책쓰기와 뇌 과학을 잘 접목한 뉴로라이팅을 알게 모르게 오랫동안 활용해왔고, 그 글쓰기 기법들을 수강생들에게 알게 모르게 전수해 주고 있다.

뇌 과학에 대해 모르는 사람들은 뉴로라이팅을 할 수 없다. 그러므로 먼저 뇌 과학에 관한 공부를 해야 한다. 아래의 질문들은 모두 뇌와 관련이 있다.

- 왜 방 안의 가구와 그림의 위치를 바꾸기만 해도, 인생이 달라질까?
- 왜 키스를 할 때, 오른쪽 뺨에 하는 것과 왼쪽 뺨에 하는 것이 효과가 달라질까?
- 왜 영업 사원이 고객의 오른쪽에 서서 영업을 해야 더 잘 되는 걸까?
- 왜 사람은 사기를 잘 당할까?
- 왜 아파트는 우측과 좌측이 크기가 같고, 구조가 같은 데도, 항상 왼쪽 아파트가 작아 보이는 것일까?
- 왜 무지개 색깔은 국가마다 다를까?
- 왜 남자와 여자는 같은 사건에 대해 서로 다른 반응과 생각을 하는 것일까?

이러한 재미있는 질문들을 모두 뇌 과학을 통해 설명할 수 있다. 물론 이론적으로 말이다. 하지만 실제로 실생활에 응용하는 사례도 많아지고 있다. 비즈니스를 잘 하는 영업 사원부터 경영자까지 알고 보면 자신도 알게 모르게 이러한 뇌 과학을 바탕으로 한 매우 현명한 행동을 하고 있다는 것을 필자는 발견했다.

이러한 뇌 과학을 글쓰기에 접목해 보자.

문장을 통해, 단어를 통해 독자의 무의식을 일깨워, 자극하여 더 강렬한 사고를 하게 하는 글쓰기가 바로 뉴로라이팅이다.

앞에서도 언급했지만 한 번 더 언급하자면, '나는 시각장애인입니다. 그래서 볼 수 없습니다'라는 단순한 문장에 뉴로라이팅을 접목해, 시각장애인의 입장에 더욱 공감할 수 있도록 새로운 은유와 이미지를 추가하는 것이다.

> '눈부시게 아름다운 봄이 왔네요. 하지만 저는 시각장애인이라 볼 수 없어요.'

자, 다른 것을 살펴보자.

논리적인 글쓰기와 뉴로라이팅 글쓰기의 차이를 말이다.

> '여기는 공공장소입니다. 그러므로 당신은 담배를 피우면 안 됩니다.'

아주 논리적이다. 아주 정확한 문장이다. 하지만 여기까지다. 이 문장을 인간의 무의식을 자극하는 뉴로라이팅 글쓰기 문장으로 바꾸어 보면 어떨까? 독자의 잠자는 무의식을 일깨울 단어나 문장 하나를 더 추가하면 된다.

> '당신의 보석 같은 아이들이 뛰어노는 장소입니다. 해로운 담배를 피우시겠어요?'

바로 이것이다. 위에 문장과 아래 문장, 어떤 문장이 더 강렬한 문장인가? 어떤 문장이 독자들의 행동을 유발하는 문장일까? 뉴로라이팅은 인간의 논리보다 감성을 자극하는 쪽에 가깝다. 그래서 감성적인 글쓰기와 비슷하다. 필자가 수업 시간에 논리적 글쓰기보다 감성적 글쓰기가 더 중요하다고 자주 언급하는 이유가 여기에 있다.

뉴로라이팅은 심지어 단어 하나만 바꾸어도 가능하다.

'편리한 햇반'이라고 하면, 매출이 별로였는데, '맛있는 햇반'이라고 하자 매출이 껑충 뛰어올랐다. 왜 그럴까? 이 상품의 주 고객층은 바로 워킹맘이다. 그런데 '편리한'이라는 단어를 통해 워킹맘들은 죄책감을 느끼게 된다. 하지만 '맛있는'이라는 단어를 보면, 사랑하는 자녀들에게 엄마가 해주는 맛있는 밥을 제공해 줄 수 있을 것이라는 위안을 얻게 된다.

결국, 뉴로 마케팅에서 사용하는 모든 것들의 원리는 뉴로라이팅과 다르지 않다. 뉴로 마케팅에서는 보여주는 것, 모델, 사진 등을 통해 소비자의 무의식을 자극하지만, 뉴로라이팅은 읽히는 것, 즉 문장과 단어를 통해 소비자의 무의식을 자극할 뿐이다.

잘 읽히는 문장을 쓰는 뉴로라이팅 기법 사례

잘 읽히는 문장을 쓰는 방법 중에 가장 좋은 방법이 또한 뉴로라이팅 기법을 알게 모르게 문장에 적용하는 것이다.

① 이유를 밝히는 문장 쓰기

잘 읽히는 문장을 쓰는 뉴로라이팅 기법의 하나는 결론을 먼저 밝히는 것이 아니라, 이유를 먼저 밝히는 문장을 쓰는 것이다.

> "나는 훌륭한 작가다. 나는 3년 동안 60권의 책을 출간했기 때문이다. 나와 함께 하면, 내가 도와주면 당신도 작가가 될 수 있다."

자. 이 문장이 잘 읽히는가? 아니면 결론을 먼저 말하는 문장을 보자.

"나와 함께 하면, 내가 도와주면 당신도 작가가 될 수 있다. **(결론)** 나는 훌륭한 작가다. 나는 3년 동안 60권의 책을 출간했기 때문이다."

결론부터 밝힌 문장이다. 어떤가? 이 문장과 달리, 이유를 먼저 밝히면 더 잘 읽힌다. 보라.

"나는 3년 동안 60권의 책을 출간했다. 그래서 나는 훌륭한 작가다. **(이유)** 나와 함께 하면, 내가 도와주면 당신도 작가가 될 수 있다."

자. 독자의 마음을 사로잡는 뉴로라이팅 기법 중에 가장 중요한 것은 문장의 순서다. 어떤 문장이, 어떤 내용이 앞에 있어야 하는가가 매우 중요하다.

② 부정어 쓰지 않기
그다음으로 중요한 것이 절대 부정어를 사용하지 않는 것이다.

부정어가 독자의 심리 상태를 부정적으로 만들기 때문이다. 오히려 반대로 긍정적이고 희망적인 단어와 문장만을 사용하도록 한다. 이것은 매우 중요하다.

어떤 책을 한 권 다 읽었을 때, 독자의 마음이 알게 모르게 슬퍼지고 부정적으로 된다면, 그것은 그 책을 쓴 작가 잘못이다. 그 작가가 알게 모르게 부정적인 문장을 많이 사용했기 때문이다.

바로 이런 점에서 책의 내용도 중요하지만, 문장을 어떻게 쓰는가도 매우 중요하다. 절대 긍정의 단어와 문장을 쓰는 것도 김병완 칼리지 책쓰기 수업 시간에 늘 강조하는 것이다.

③ 리듬감 있는 문장 쓰기

뉴로라이팅의 또 다른 기법의 하나는 리듬이 있는 문장을 많이 사용하는 것이다. 많은 사람이 온종일 음악을 듣고, 음악을 싫어하는 사람이 없는 이유가 바로 리듬에 있다. 사람은 본능적으로 리듬을 좋아한다.

그러므로 문장에 리듬을 담으면, 그 문장은 사람들에게 잘 읽히는 문장이 될 수밖에 없다. 그렇다면 리듬이 있는 문장을 도대체 어떻게 쓸 것인가?

방법은 간단하다. 리듬이 있는 문장을 쓰는 쉽고 편한 네 가지 방법을 소개해 주겠다.

먼저 **첫 번째**는 짧은 문장을 쓰는 것이다. **두 번째**는 '이를테면, 왜냐하면, 곧, 즉, 다시 말하면' 같은 접속어를 생략하는 것이다. **세 번째**는 이중

피동을 쓰지 않는 것이다. 네 번째는 쉬운 단어만 사용한다.

리듬이 있는 문장, 잘 읽히는 문장으로 어떤 문장이 있을까?
바로 이런 것들이다.

"왔노라, 싸웠노라. 이겼노라."
"죽느냐 사느냐, 이것이 문제로다."

자. 이제 어렵게 생각하지 말고, 잘 읽히는 문장을 쉽게 쓸 수 있다. 뉴로
라이팅 기법에서 이야기하는 3가지 방법을 활용하면 된다.

문장의 생명은
'심플, 정확, 간결'이다

아리스토텔레스는 자신의 책 『수사학』에서 이런 말을 했다.

"문체의 미덕 중 하나는 명료성이다. [중략] 즉, 만일 담론이 그 대상을 보여주지 못
한다면, 그 담론은 그 기능을 다하지 못할 것이다."

〈 [수사학], 아리스토텔레스, 262쪽 〉

여기서 문장의 생명이 무엇인지 필자는 알게 되었다. 바로 명료함을 드
러내게 해 주는 요소, 즉 심플, 정확, 간결 말이다. 이것을 영어로 표현하
면, Simple. Sharp, Short라서 보통 '3S'라고 많은 이들이 이야기한다.

헤밍웨이도 비슷한 이야기를 수도 없이 했다. "훌륭한 저술가가 반드시
갖춰야 할 특성은 명료함이 돋보이는 문체"라고 말이다.

그렇다면 어떻게 해야 문장의 생명인 '심플, 정확, 간결'을 살릴 수 있을까? 몇 가지 원칙을 제시해 주겠다.

① 중국말 자제하기

첫 번째는 중국 글자 말을 사용하지 않으면 된다.

이 사건의 경우 그의 자작극일 가능성도 배제하지 않고 있다.

이 문장을 심플, 정확, 간결한 문장으로 바꾸어 보라.

➡ 이 사건은 그의 자작극일 수 있을 것 같다.

---

② 중국식 표현 자제하기

두 번째는 우리말을 더 복잡하고 어렵게 만드는 중국 글자 말투를 버리면 된다.

예를 들어 '~적的', '~화化', '~하下', '~감感', '~상上', '~리裡', '~시視'와 같은 글자를 무조건 생략할수록 좋은 우리글이 된다.

몇 가지만 예를 들면 이렇다.

- 이런 상황하下에서 ➡ 이런 상황에서
- 책임감感이 필요하다 ➡ 책임이 필요하다
- 비밀리裡에 진행되다 ➡ 비밀로 진행되다

③ 화려한 수식어 자제하기

세 번째는 낱말과 문장을 화려하게 치장하려고 하지 않아야 한다.

- 전세가는 더는 추가상승의 여력이 없어 보인다 ➡ 전세가는 더는 오르지 않을 것이다
- 어제 가격보다 더 높은 수준이다 ➡ 어제 가격보다 더 비싸다

④ 불필요한 표현 삭제하고, 짧게 쓰기

네 번째는 불필요한 형용사, 부사, 접속부사, 접미사, 관형사, 격조사, 서술어는 될 수 있는 대로 짧게 하거나, 생략한다.

- 책쓰기 수업을 어디에서 해야 할지를 결정하기가 어려운 이유 가운데 하나는 경험 부족 때문이기도 한 것 같다 ➡ 책쓰기 수업을 어디서 해야 할지 결정하기 어려운 이유는 경험 부족 때문이다
- 아마도 우리는 그 과제를 아주 상당한 기간동안 해야 할 것 같다 ➡ 아마 우리는 그 과제를 상당 기간 해야 할 것 같다

문장은 이렇게 간결하게 만드는 것이다. 약간만 훈련하면 누구나 간결하고 심플하고 정확한 문장을 구사할 수 있다. 문장 쓰기는 스키 타기처럼 훈련이고 숙달이 필요한 것이다. 어렵게 생각하지 말고, 두렵게 생각하지 말고, 그 시간에 한 문장이라도 더 써라. 더 많이 쓸수록 당신의 문장은 더 심플해지고, 간결해지고, 정확해진다.

매일 달리기조차 하지 않는 사람에게 절대로 마라톤을 가르칠 수 없듯이, 매일 글을 쓰지 않는 게으른 사람에게 책쓰기를 절대 필자조차도 가르칠 수 없다.

아름다운 문장
vs 읽히는 문장

"인간은 자신을 뛰어넘어야 할 무엇이다."

니체의 이 말처럼 우리는 우리 자신을 뛰어넘어야 할 존재들이다. 그렇게 할 때 어제보다 더 나은 오늘을 살 수 있고, 오늘보다 더 나은 내일을 만날 수 있다.

문장을 매일 사용해야 하고 만들어야 하는 작가는 날마다 이 사실을 명심해야 한다. 어제 썼던 그 문장보다 오늘 사용하는 그 문장이 과거의 것을 뛰어넘어야 한다. 그렇다면 여기서 확실하게 해 두어야 할 것이 필요하다. '어떤 문장이 더 나은 문장인가?'라는 점이다.

아름다운 문장과 읽히는 문장이 있다면 어떤 문장을 독자들은 선택할 것인가? 물론 아름답기도 하고, 읽히기도 하는 문장이 최고의 문장이라고 할 수 있다. 하지만 세상은 그렇게 공평하지 않다.

얻는 것이 있으면 반드시 잃는 것도 있다. 아름다운 문장이 되면, 읽히지 않는 문장이 될 가능성이 크고, 읽히는 문장을 지으면 아름다운 문장이 아닐 가능성이 점점 커지는 시대에 우리가 살고 있다고 말하고 싶다. 왜 그럴까?

좋은 문장, 즉 명문의 조건이 과거에는 아름다운 문장이었는지 모르지만, 지금은 쉽고, 짧고, 간단하고, 명료하고, 분명하고 정확하고, 리듬이 있는 문장이기 때문이다. 이것은 필자가 확신하는 부분이다. 그러므로 점점 더 아름다운 문장과 읽히는 문장의 격차가 벌어지게 된다고, 안타깝지만 이야기해 주고 싶다.

"어렵고 교묘한 말로 글을 꾸미는 건 문장의 재앙이다"라고 허균이 말한 적이 있다. 글을 예쁘게 꾸미는 것에 대한 놀라운 견해가 아닐 수 없다. 물론 어렵고, 교묘한 말로 글을 꾸미는 것에 대한 경계를 주장하는 말이다. 한마디로 읽히지 않는 문장은 재앙이라는 말로 나름대로 해석할 수 있다. 필자 역시 아름다운 문장보다는 읽히는 문장이 훨씬 더 좋은 문장이라고 생각한다.

독자들이 읽기 편한
문장 작성법

말했듯, 요즘은 명문보다 쉬운 문장이 대세다.

아래서 독자들이 읽기 편한 문장을 작성법을 간단히 정리해 보겠다.

① 독자의 눈높이에 맞춘 단어 선택하기

첫 번째는 반드시 독자들의 눈높이에 맞는 수준의 단어를 선택하는 것이다. 예를 들어, '일조가 되었으면'보다는 '도움이 되었으면'이 훨씬 더 독자들이 읽기 편한 문장일 것이다.

- 축적하다 ➡ 모은다
- 통지하다 ➡ 알리다
- 증진하다 ➡ 늘리다
- 고안하다 ➡ 만든다

- 가시화하다 ➡ 나타낸다

- 경감시키다 ➡ 줄이다

- 채취한 버섯 ➡ 딴 버섯

- 아픈 기억의 편린들 ➡ 아픈 기억의 조각들

- 책과의 조우 ➡ 책과 만남

- 떨어진 것은 차치하고 ➡ 떨어진 것은 그만두고

② 문장은 최대한 짧고 간결하게 쓰기

두 번째는 문장의 길이는 최대한 짧게, 간결하게 만들어야 한다. 그렇게 하기 위해서는 생략 가능한 것들은 무조건 생략해야 한다.

- 나에게 있어서는 ➡ 나에게는

- 그것은 불법에 다름 아니다 ➡ 그것은 불법이다

- 그도 모르지는 않을 것이다 ➡ 그도 알 것이다

- 저 개는 탁월한 개의 전형이다 ➡ 저 개는 탁월하다

- 그녀는 완벽한 본보기다 ➡ 그녀는 완벽하다

- 가까이 접근시키다 ➡ 접근시키다

- 궁극적인 결론은 사회적 현상과 경제적 현상이 서로 밀접하게 연관되어 따로 분리한다는 것은 정말 어렵다는 사실이다 ➡ 결론은 사회적, 경제적 현상이 서로 밀접하게 연관되어 있다는 점이다

- 인간은 복잡한 사고를 하는 존재이기 때문에, 의사 결정이 이루어지는 과정을 단순하게 공식 하나로 요약하는 것은 불가능하다 ➡ 인간은 복잡한 존재이기 때문에, 의사 결정 과정을 하나의 공식으로 요약할 수 없다

③ 한 문장에 하나의 의미만 넣기

세 번째는 한 문장에 반드시 하나의 의미만 넣어야 한다.

네이버 국어사전의 '우리말 바로 쓰기'를 보면 중의문에 대한 자세한 설명이 나와 있다. 그곳에서 설명하는 문장과 해석을 그대로 알려 주겠다.

> 나를 사랑하는 친구의 여동생을 만났다.

자. 이 문장이 중의문이다. 두 가지 뜻을 의미할 수 있기 때문이다.

하나는 나는 친구의 여동생을 만났는데, 나의 친구는 나를 사랑한다는 뜻이 될 수 있다. 또 다른 하나는 나는 친구의 여동생을 만났는데, 친구의 여동생은 나를 사랑한다는 뜻이 될 수도 있다. 이런 중의문을 피하는 가장 좋은 방법은 두 개의 단문으로 나누는 것이다.

> 1. 나는 친구의 여동생을 만났다. 그 친구는 나를 사랑한다.
> 2. 나는 친구의 여동생을 만났다. 친구 여동생은 나를 사랑한다.

읽기 편하다는 것은 쉽고 명확하고 간결하다는 것도 포함한다.

④ 중복 표현 없애기

네 번째는 한 문장에는 절대로 두 번 사용하는 단어나, 의미가 없게 하라는 것이다.

- 그는 비행기를 조종하는 조종사였다 ➡ 그는 비행기 조종사였다
- 이 학교는 저 학교에 비해 너무 작다 ➡ 이 학교는 저것보다 너무 작다
- 이 선생님은 저 선생님보다 경험이 더 부족하다 ➡ 이쪽 선생님은 저쪽보다 경험이 더 부족하다
- 담배 흡연율이 ➡ 흡연율이
- 더러운 누명 ➡ 누명

⑤ 능동형으로 작성하기

다섯 번째는 모든 문장을 능동형으로 만들라는 것이다.

- 친구들을 혹사시키다 ➡ 혹사하다
- 친구들을 이간질시키다 ➡ 이간질하다
- 해고 결정이 내려졌다 ➡ 해고를 결정했다
- 적을 파괴시킬 수 있다 ➡ 파괴할 수 있다

⑥ 분명, 정확, 구체적인 문장 쓰기

여섯 번째는 분명하고 정확한 것에 더해 구체적으로 문장을 만들어야 한다는 것이다.

- 사전 계획 ➡ 계획

- 가까운 미래에 ➡ 오는 2020년에

- 많은 여성들 ➡ 352명의 여성

- 허송세월을 보내다 ➡ 허송세월하다

- 약 30미터 정도 ➡ 약 30미터, 혹은 30미터 정도

- 저 개는 탁월함의 완벽한 본보기다 ➡ 탁월하다

- 종래부터의 문제점 ➡ 종래의 문제점

- 그녀는 모르지는 않을 것이다 ➡ 그녀는 알 것이다

⑦ 일본식 표현 자제하기

일곱 번째는 일본식 말투에서 벗어난 문장을 작성하라는 것이다.

문장 쓰기, 즉 문장론 중에서도 우리글 바로 쓰기에 관한 대부분의 배움은 이오덕 선생을 스승으로 두고 그분의 책들을 열심히 공부한 덕분이다. 한마디로 이오덕 선생 덕분이다. 필자는 도서관에서 혼자 책을 보면서, 이오덕 선생을 사사했다. 그래서 스승으로 모시고, 그분의 책들을 통해 우리글 바로 쓰기에 대한 확고한 소신이 있게 되었고, 지금 이 시대에 필자만큼 우리글 바로 쓰기에 대해서 사명감을 가지고, 제대로 우리글 바로 쓰기를 실천하고, 가르치고 있는 사람은 흔하지 않을 것이다.

나의 스승 이오덕 선생의 말에 따르면, 우리말에는 관형격 조사 '의'가

아주 단순하게 규정되어 있다고 한다. 그런데 우리말의 '의'와 너무나 다른 일본말 '노'를 '의'로 받아들이면서 우리글이 파괴되기 시작했다고 한다.

일본말 '노'는 온갖 성격과 뜻을 나타내는 데, 이것을 우리가 모조리 '의'로 옮기고 해석하면서, 우리글이 심각하게 훼손되고 잘못 사용됐다. '의'는 부자연스럽고, 비경제적인 문장일 뿐만 아니라, 문장의 맛과 멋이 훼손되고 왜곡되는 경우가 많다. 그래서 '의'를 잘 사용해야 한다.

이오덕 선생의 『우리글 바로 쓰기』 1~5권에서 가르쳐 주는 내용은 너무 방대하고 많다. 그중에서도 핵심이 되는 몇 가지만 맛보기로 알려 주겠다. 이오덕 선생의 책을 다 읽어보면, 문장의 대가가 되지 않을 수 없다. 너무나 자세하고 정확한 설명이기 때문이다.

자. 그런 비경제적이고 부자연스럽고 우리글의 맛과 멋을 훼손하는 문장들을 살펴보자. (* 참조: [이오덕의 우리말 바로 쓰기] 120p에서 몇 가지 사례를 가지고 와서 알림)

- 우리의 집으로 간다 ➡ 우리 집으로 간다
- 이건 아버지의 모자이다 ➡ 이건 아버지 모자이다
- 일본의 스모선수들의 신체적 조건 ➡ 일본 스모선수의 신체조건
- 활동의 여건이 나빠졌다 ➡ 활동할 여건이 나빠졌다

이런 일본식 말투로는 이런 것들이 있다.

- ~에 의해 ➡ ~때문에
  출근길 정체에 의해 ➡ 출근길 정체 때문에

- ~에 의하면 ➡ ~를 보면
  신문 기사에 의하면 ➡ 신문 기사를 보면

- ~에 있어서의 ➡ ~에서
  서양에 있어서의 ➡ 서양에서

- ~에서의 ➡ ~의
  북한에서의 ➡ 북한의

- ~에 처한 ➡ ~에 빠진
  상황에 처한 ➡ 상황에 빠진

- ~에로의 ➡ ~으로
  혈중에로의 ➡ 혈중으로

- ~으로서의 ➡ ~이라는
  인간으로서의 ➡ 인간이라는

- ~으로서의 ➡ ~으로서
  전문직으로서의 ➡ 전문직으로서

- 보다 ➡ 더
  보다 빨리 ➡ 더 빨리
  보다 높이 ➡ 더 높이
  보다 힘차게 ➡ 더 힘차게

⑧ 중국식 표현 자제하기

여덟 번째는 중국식 말투에서 벗어난 문장을 작성하라는 것이다.

- 위치하고 있다 ➡ 있다
- 대구에 위치한 팔공산 ➡ 대구에 있는 팔공산
- 일본과 한국 사이에 위치하고 있는 동해안 ➡ 일본과 한국 사이에 있는 동해안
- 가능성을 배제하지 않고 있다 ➡ 할 수 있을 것 같다

앞에서도 언급한 바 있지만, 중국 글자 말투 중에서 가장 큰 문제가 되는 '~적', '~화', '~감', '~하', '~시', '~상', '~리'들에 대해 다시 한번 몇 가지 예를 담아 보겠다.

- 형식적으로 ➡ 형식으로
- 내용적으로는 ➡ 내용으로는
- 과격화해지는 ➡ 과격해지는
- 분위기하에서 ➡ 분위기에서
- 기대감으로 ➡ 기대로
- 자신감 있게 ➡ 자신 있게
- 등한시하게 된다 ➡ 대수롭잖게 여기게 된다
- 외형상으로 볼 때 ➡ 외형으로 볼 때, 겉으로 볼 때

⑨ 겹말 바로 쓰기

아홉 번째는 잘못 쓰고 있는 겹말을 바로 써야 한다는 것이다.

예를 들어, '이 기간 동안에'에서는 '기간'과 '동안' 중 하나만 사용하면
된다.

- 옥상 위에 ➡ 옥상에
- 매일마다 ➡ 날마다
- 사전 계획 ➡ 계획
- 전제 조건 ➡ 조건
- 해변가에 ➡ 해변에
- 낙엽이 떨어지다 ➡ 낙엽이 지다, 잎이 떨어지다

⑩ 영어 번역 투 표현 버리기

열 번째는 영어 번역 투 표현을 버려야 한다는 것이다. 특히 영어 문법
을 따라 쓰는 말들을 버려야 한다.

- 10년간 연구를 행한 끝에 ➡ 10년간 연구한 끝에
- 나는 수많은 영화를 보았었다 ➡ 나는 수많은 영화를 보았다
- 10년 전에 책쓰기를 시작했었더라면 ➡ 10년 전에 책쓰기를 시작했더라면
- 시행착오만을 거듭해 왔다 ➡ 시행착오만을 거듭했다

⑪ 능동문으로 작성하기

열한 번째는 수동적인 문장이 아니라 주도적인 능동문 형태로 만들어야 한다는 것이다. 그래야 독자들이 읽기 편하다.

- 선조들로부터 물려받은 재능과 복이 많았었다 ➡ 선조들이 많은 재능과 복을 물려주었다

- 학생들에게 읽기, 쓰기 교육이 제공되어야 하는 것은 매우 중요한 학교 교육이다 ➡ 학생에게 가장 중요한 학교 교육은 읽기, 쓰기다

- 작가들은 자신의 책의 아이디어 개발을 주도해야 한다 ➡ 작가는 책 아이디어를 직접 개발해야 한다

5단계. "본문을 어떻게 쓸 것인가"
:본문 집필

"직업이 무엇이든, 인생 최고의 목표가 무엇이든, 남자든 여자든, 부자든 가난하든 종교가 무엇이든 상관없다. 책쓰기는 당신이 누구든, 무엇을 하는 사람이든, 상관 없이 필요한 행위이다.

책쓰기는 부와 성공일 뿐만 아니라 자기계발의 길이다. 특히 책쓰기는 평범한 사람들에게 더 강력하고 효과적이다. 책쓰기는 천하에 공평한 물건이 되었다. 그렇다. 책쓰기는 공평하다. 돈도 없고 연줄도 없는 사람이 성공할 수 있는 길이다."

- 『48분 기적의 책쓰기』 중

이제 어렵지 않다! 기초 본문 작성법
(쉽게 풀어쓸 수 있는 본문)

본문 작성의 원칙은 첫 도입부에서 흥미와 주의를 일으키는 강렬한 문장으로 읽기를 시작하게 하고, 중반부에서 흡입력 있는 콘텐츠(스토리)로 그것을 계속 읽게 하고, 종반부에서 인상적인 마무리로 여운을 오래 남기게 하는 것이다. 다시 정리하면,

- 도입부: 흥미와 주의를 일으키는 강렬한 문장 작성
- 중반부: 흡입력 있는 콘텐츠와 스토리로 계속 읽게 할 것
- 종결부: 인상적인 마무리로 여운을 오래 남기도록 할 것

본문 작성의 가장 중요한 요소는 일관성이다.

책의 콘셉트와 주제가 아무리 좋아도, 주제에서 벗어난 내용이 본문에

군데군데 있으면, 독자들은 쉽게 싫증을 내고, 지치게 된다.

독자들을 절대 지치게 해서는 안 된다. 그리고 독자들이 지치지 않게 하는 본문 작성법의 기본은 '주제에서 벗어나지 않는 범위에서 다양한 읽을거리를 제공하라'라는 것이다.

다양한 읽을거리 중에서 가장 좋은 것은 생생한 에피소드다. 그래서 작가 자신의 경험을 쓰는 것보다 더 좋은 읽을거리는 없다.

사람의 본능은 타인의 삶이 어떤지를 궁금해하는 속성을 가지고 있기 때문이다. 결국, 독자들의 본능을 지속해서 충족시켜 주는 본문 쓰기가 가장 중요한 성패의 갈림길이 되는 것이다.

그런 점에서 작가들이 자신의 이야기만 주저리주저리 쓴 본문은 매력이 없다. 읽히기 어렵다. 하지만 자신의 이야기가 아닌 독자들이 궁금해하는 것들을 본문에 잘 섞어서 자신의 이야기를 한다면, 독자들은 반드시 매력을 느끼게 될 것이다. 이런 책은 당연히 읽히는 책이다.

기초 본문 작성법에서 빼놓을 수 없는 본문 쓰기 전략 중의 하나는 '명확한 구상을 먼저 하라'는 것이다.

책을 쓸 때 명확한 구상을 하지 않고, 본문 쓰기를 바로 하는 사람들은 다음과 같은 것들을 놓치게 된다.

- 논리적인 메시지 전달이 불가능하게 된다.
- 주제에서 벗어나 일관적이지 못 한 내용이 섞이게 된다.
- 계층적으로 쉽게 빠져들게 목차를 구성할 수 없다.
- 인과성과 상관성의 관계가 흐려지게 된다.

즉 책쓰기는 하나의 전략이 필요하다. 책쓰기에는 반드시 순서가 필요하다. 먼저 책을 전반적으로 구상하고, 그 후에 구성해야 하고, 그 후에 본문 쓰기를 해야 한다. 이 사실만 잘 명심해도 반 이상은 성공하고 시작하는 셈이다.

첫 세 문장이 나머지 문장들보다 더 중요하다
(첫 세 문장으로 독자를 유혹하는 법)

첫 세 문장이 모든 것을 결정짓는다. 그러므로 첫 세 문장에 목숨을 걸어야 한다. 독자들은 첫 세 문장으로써 독자들은 모든 것을 판단한다. 이 책을 읽을 것인가, 여기서 멈출 것인가를 말이다.

작가에게 이것보다 더 전부는 없다. 자신의 책이 읽힐 책인지, 안 읽힐 책인지 말이다. 그렇다면 첫 세 문장을 어떻게 작성해야 읽힐 문장이 될까? 어떻게 첫 세 문장으로 어떻게 독자들을 유혹할 수 있을까?

이 질문에 대한 필자의 답은 이것이다.

- 첫 번째. 첫 세 문장에 반드시 호기심을 자극하는 요소를 담아야 한다.
- 두 번째. 재미와 새로움의 느낌을 주는 요소도 추가하면 더욱 좋다.

■ 세 번째. 제발 짧게, 짧게, 더 짧게 세 문장을 작성하라는 것이다.

사실 이것이 가장 중요한 요소이기도 하다. 길고 장황한 문장에 호기심이나 재미와 새로움이라는 요소를 담는다는 것은 천재가 아니고서는 웬만해서는 하기 힘든 기교이기 때문이다.

『양들의 침묵』이후 최고의 작품이라고 평가받고 있는 마이클 코넬리의 『시인』이라는 책의 첫 세 문장은 필자가 강조하고 있는 첫 세 문장을 쓰는 방법을 다 담고 있다.

"나는 죽음 담당이다."
"죽음이 내 생업의 기반이다."
"내 직업적인 명성의 기반도 죽음이다."

먼저 호기심을 자극한다. 그리고 재미와 새로움도 담겨 있다. 그리고 무엇보다 짧다. 그것도 매우 짧다. 더는 무슨 설명을 더 할 수 있을까?

기능적인 측면에서 문장의 3대 조건을 절대 무시해서는 안 된다. 첫 세 문장에도 반드시 이것이 포함되어 있어야 한다.

그렇다면, 기능적인 측면에서 문장의 3대 조건은 무엇일까?

- 첫째. 빨리 이해해야 한다. (스피드, 속도)

- 둘째. 정확하게 전달해야 한다. (정확, 명료)

- 셋째. 오해하지 않고, 쉽게 이해해야 한다. (쉬움)

첫 세 문장에는 반드시 이 세 가지 조건도 담겨야 한다.

쉽고 정확하고 빠른 표현을 위해서 독자들이 할 수 있는 가장 쉬운 방법 몇 가지는 이것이다.

첫째, 문장을 짧게 쓰고, 둘째, 쉬운 단어만 사용하고, 셋째, 자연스러운 문맥을 유지하고, 넷째, 접속어를 생략하고, 다섯째, 조사를 정확하게 쓰고, 여섯째, 중국식 말투, 일본식 말, 영어식 표현을 자제하는 것이다.

중국식 말투, 일본식 말, 영어식 표현에 대해서는 다음에 더 자세하게 이야기를 할 것이다.

독자 맞춤식
책 쓰는 법

많은 작가가 책을 쓸 때, 한 가지 놓치는 점이 있다. 바로 표적 독자층을 너무 크게 잡는다는 것이다. 그렇게 하면 좀 더 많이 팔릴 것이라고 막연히 생각한다. 하지만 이것은 오산이다.

반대로 해야 더 많이 팔리고 읽힌다. 반대로 한다는 것은 무엇일까?

독자를 매우 제한하라는 것이다. 좁히고 좁혀서 더는 좁힐 수 없을 만큼 표적 독자층을 좁히면, 성공 확률이 매우 높아진다. 여기서 한 단계 더 나아가서, 본문을 쓸 때, 표적 독자를 딱 한 명이라고 생각하면 더 좋다. 그렇게 독자를 한 명으로 설정하여 맞춤형 문체, 메시지, 편집을 적용한다.

자신의 주위에 있는 사람 중에 표적 독자에 가장 어울리는 적합한 한 사람을 고른다. 그리고 그 한 사람을 자신이 집필할 때마다 자신의 책상 앞에 불러 앉힌다. 물론 상상하라는 것이다. 딱 한 명의 독자, 그것도 자신이 가장 잘 아는 주위 사람 중 한 명을 자신의 집필 공간에 항상 모셔 놓고, 그 사람에게 이야기하기 시작하라. 그 이야기를 다시 듣고, 받아쓴다고 생각하고 쓰면, 그것이 기가 막힌 본문이 될 수 있다.

필자는 이런 방식으로 실제로 글을 많이 써 보았다. 위대한 문호 중에도 이런 방식으로 글을 쓴 사람들이 있다. 우주가 이야기하는 것을 듣고 책을 쓰거나, 머릿속에 놀라운 스토리가 담겨서 그대로 받아 쓴 작가들이 그런 사람들이다.

책을 쓰는 것을 어렵게 생각하는 사람치고 책을 잘 쓰는 사람은 없다. 어렵게 느껴지면 평생 절대 한 우물을 팔 수 없다. 책 쓰는 것이 즐겁고 신나고 재미있다는 사람이 있다면, 그 사람은 반드시 위대한 작가가 될 것이다. 왜냐하면, 그것을 평생 할 것이고, 한 길만을 걷는 그런 우직한 대가의 면모를 이미 갖추었기 때문이다.

책을 신나고 즐겁게 쓰기 위해서는 막힘이 없어야 한다. 한 문장 쓰고 한 달 동안 막히고, 또 한 문장 쓰고 막히는 일들이 반복된다면 누가 작가의 삶을 살아갈 수 있을까? 막히지 않고 술술 써 내려가기 위해서 가장 중요한 것은 독자 한 명을 선택하고, 그 사람에게 이야기하기 시작하면 된다.

칼리지만의 본문 작성법
(SECCT 본문 작성법)

책쓰기 수업을 듣는 일반인들의 가장 힘든 점은 무엇일까?

바로 한 권의 책이 될 만큼 원고의 양을 채우는 것이다. 200자 원고지 1,000장은 넘어야 한 권의 책이 될 수 있다. A4 용지 120장 정도를 써야 책 한 권이 될 수 있다.

그런데 이것이 힘들다는 것이다. 아무리 쓰고 또 써도 50%도 안 된다고 하소연하는 분들이 적지 않다. 그래서 필자가 만든 본문 작성 기법이 바로 SECCT 본문 작성 기법이다.

먼저 소목차의 키워드와 키 문장을 하나씩 만든다. 그리고 그 키 문장을 토대로, 그것만의 Story를 중심으로 하나의 본문을 작성한다. 그리고 또 독립적으로 그 키 문장을 토대로, 그것만의 사회적 증거Evidence를 중심으로 하나의 본문을 작성한다. 그리고 또 그다음에는 그 키 문장을 토대로, 그것만의 사례Case를 중심으로 또 하나의 본문을 작성한다.

그리고 그 키 문장에 대한 주관적인 작가의 생각Thought을 중심으로 또 다른 하나의 본문을 작성하고, 또 그 키 문장에 대한 종합적이고 객관적인 결론Conclusion을 중심으로 또 다른 하나의 본문을 작성한다.

이렇게 하나의 소 목차라도 5가지 관점에서 독립된 본문을 만들어나가면, 한 권 분량의 원고를 작성하는 것은 그렇게 어렵지 않다는 것을 알게 된다.

그리고 이 단락들을 항상 같은 패턴으로 순서를 정하지 말고, 목차별로 다르게 구성을 하면, 5×5 = 25개의 구문 패턴이 발생하게 된다. 그러므로 패턴이 같은 구문을 반복해서 사용하지 말고, 독자들이 참신하게 느낄 수 있도록 구문의 패턴과 흐름의 순서를 항상 바꾸는 것이 좋다.

여기에 영화, 책, 논문, 역사, 과학 등을 중심으로 하여 여러 가지 관점에서 또 다른 본문을 작성할 수 있다. 이렇게 되면 한 권이 아니라 여러 권의 책도 문제없이 써낼 수 있다.

칼리지만의
3개월 초고 완성 플랜

책을 한 권 집필하는 데 얼마나 많은 시간이 필요할까? 물론 책의 내용이나 주제에 따라 다를 수 있다. 그리고 집필하는 작가의 내공에 따라서도 확실히 달라질 것이다.

필자는 3년 동안만 권의 책을 읽은 덕분에 한 권의 책을 집필하는 데, 스피드로 따지자면 아마도 대한민국 최고일 것이다. 하지만 무조건 빨리 쓴다고 해서 좋은 것은 아니다. 하지만 스피드는 매우 중요하다.

같은 시간에 더 많은 책을 쓸 수 있다는 것은 중요한 경쟁력이 아닐 수 없기 때문이다. 많은 사람이 한 권의 책을 집필하는 데 생각보다 많은 시간이 걸린다. 누구는 1년, 또 누구는 5년, 하지만 또 다른 누군가는 3개월에서 6개월이면 충분히 가능하기도 하다.

또 첫 번째 책일 경우에는 정말 큰 노력과 에너지가 필요하고 고통도 따른다. 하지만 첫 번째 책일 때만 그렇다. 두 번째 책부터 노력과 에너지가 반 이상 줄어들고, 세 번째 책은 더 많이 줄어든다.

마치 여성들이 첫 아이를 낳을 때와 두 번째 아이를 낳을 때, 그 격차만큼 크다.

칼리지에서 추천하는 초고 완성 기간은 3개월에서 6개월이다. 아무리 초보라도, 6개월 정도 매일 집필을 하면, 한 권의 책을 충분히 완성할 수 있다고 생각한다. 그리고 사람에 따라 편차가 있는 것은 당연한 사실이다. 하지만 조금 빠른 분들은 3개월이면 충분하다.

7주 수업 기간에는 책을 전반적으로 구상하여, 제목과 부제, 핵심 주제를 뽑고, 그 주제에 따라 목차를 구성하고, 서문을 작성한다. 그리고 본문 작성을 하고, 본문을 첨삭하고, 동시에 본문과 문장 쓰기에 대해서 깊게 배우고 익힌다.

7주 수업 기간에는 한마디로 제목 작성하는 법, 주제 선정하는 법, 목차 작성하는 법, 서문 작성하는 법, 본문 쓰는 법, 출간기획서 작성하는 법, 원고 투고하는 법, 계약하는 법 등에 대해서 다 배우고, 실제로 함께 작성하고 만들어나간다.

즉, 7주 수업을 통해 책쓰기의 모든 단계를 실제로 배우고, 실습하여, 경험한다. 그 와중에 매일 숙제가 있다. 바로 본문 쓰기이다. 매일 숙제로 A4 두 장을 쓰도록 한다.

그래서 7주 정도면, A4 100~120장의 본문이 완성된다. 물론 본문 첨삭과 본문 쓰는 법에 대해서는 수업 시간에 배우고, 일대일 코치를 통해서도 더 심화 과정을 거친다. 7주 수업 시간 동안에는 본문의 60~ 80% 정도를 수강생들이 완성하는 것 같다. 그렇게 되면, 나머지 1개월 동안 나머지 부분을 자연스럽게 마무리할 수 있게 된다. 즉 7주 수업을 듣게 되면, 매주 수업 시간 시작할 때와 끝마칠 때, 매일 본문 쓰기에 대한 압박과 자극을 주기 때문에 하기 싫은 사람도, 의지가 약한 사람도 할 수밖에 없다.

한 권의 책의 초고를 완성하는 데 이렇게 3개월~6개월이면 가능하다. 그것도 일반인이 말이다.

프로다운
글 마무리 비법

작가들의 가장 큰 고민은 첫 도입부와 마지막 종결부이다. 글 시작도 매우 중요하지만, 글 마무리도 중요하기 때문이다.

자! 어떻게 마무리를 하면 프로다운 글이 될까?

많은 작가가 쉽게 사용하는 글 마무리 방법은 본문에 사용한 내용을 반복, 요약하는 것이다. 그것도 단순 반복, 단순 요약이다. 이렇게 하는 것도 나쁘지 않지만, 독자들은 이런 글을 싫어한다.

독자들이 싫증 나는 문장을 읽을 의무는 없다. 독자들은 이런 글을 외면한다. 그렇기에 우리가 프로다운 글 마무리를 한다는 것은 독자들이 싫증 나지 않도록 하는 문장, 즉 싫증 나지 않는 문장을 쓴다는 것이다.

싫증 나는 문장을 쓰지 않으면서도, 강조하는 강한 문장을 쓸 방법은 없을까? 있다.

강한 문장은 대체로 입체적이다. 입체적으로 강조하며 글을 쓰는 방법, 즉 반복하지 않고 싫증 나지 않는 강한 문장을 쓰는 세 가지 방법이 있다.

① 문체와 표현에 변화 주기

첫 번째는 문체와 표현에 변화를 주면 된다. 본문 내내 간결체로 글을 썼다면 마지막은 화려체로 마무리하는 것도 좋은 방법이고, 본문 내내 리듬감을 강조한 문장을 썼다면, 마지막은 리듬감이 없는 문장을 쓰는 것도 좋다.

② 주제를 돋보이게 만들기

두 번째는 다른 것들을 가지고 들어와서, 주제와 결부시켜, 주제가 더욱더 돋보이게 하는 것이다. 심리학에서 사용하는 대조 효과Contrast effect 를 이용하면 된다. 주제와 비교해서 엄청나게 못 한 것들을 가지고 와서, 주제의 메시지가 훨씬 더 강렬하게 전달되게 하는 것이다. 비교와 대조 문장을 사용하여, 강조하는 것이다.

③ 새로운 시각에서 주제 서술하기

세 번째는 주제를 전혀 다른 관점에서 보고, 그것을 서술하는 것이다.

본문에서는 한 번도 다루지 않았던 새로운 시각으로 주제를 새롭게 인식하는 것이다. 그렇게 새로운 시각에 의한 주제에 대한 마무리는 신선하게 느껴지고, 충격을 줄 수 있다.

이렇게 되면 밋밋한 마무리, 싫증 나는 단순 반복의 마무리가 아니라, 입체적인 강한 마무리를 할 수 있다.

6단계. "어떻게 출판사를 유혹할 것인가"
:출간 기획

"이 세상에 그 어떤 것도 책쓰기만큼 강력한 것은 없다. 그 어떤 것도 당신의 인생

을 급격하게 변화시키고 성장시킬 수 없기 때문이다. 어제보다 좀 더 나은 인생을

살고자 하는 사람은 다른 것을 찾아봐도 된다. 이런 사람은 굳이 책쓰기를 안 해도

된다. 책쓰기는 좀 더 나은 인생이 아니라 급격한 인생 역전이 가능한 강력한 삶의

무기이기 때문이다." - 『48분 기적의 책쓰기』 중

매력적인
출간기획서 작성법

가장 매력적인 출간기획서는 무엇일까? 어떻게 하면 한 번에 출판사와 계약을 할 수 있을까?

실제로 칼리지 수강생분들 중에는 생애 최초의 원고 투고, 출판사 피칭 임에도 불구하고, 여러 군데의 출판사로부터 동시에 러브콜, 계약 요청을 받기도 하는 수강생들이 적지 않게 탄생한다.

그런 출간기획서를 작성하는 일이 그렇게 어렵고 힘든 것이 아니다. 기술과 요령만 있으면 된다.

필자는 학별도, 스펙도, 인맥도, 부와 성공도 없는 상태에서, 즉 백수, 무직자 상태에서 1년에 30~ 40군데 출판사와 계약을 했다. 출판사가 나처럼 학벌도, 스펙도, 인맥도 없고, 부와 성공도 이루지 못한 사람과 왜 계약을 했을까? 계약한다는 것은 출판사가 작가의 원고에 대해 확고한 성공 예감이 있다는 것을 의미한다.

매력적인 출간기획서를 작성하는 법은 다음과 같다.

첫 번째. 한눈에 무슨 책인지 알아볼 수 있도록 출간기획서를 작성한다.

출간기획서를 많이 검토해 보면, 이 책이 무슨 책이며, 어떤 내용이 담겨 있으며, 어떤 사람이 책의 저자인지, 어떤 사람이 표적 독자인지 등을 한눈에 알아보기 힘든 경우가 많다. 이는 매력적이지 못하다.

사람들은 단순한 것에 끌리게 되어있다. 출간기획서도 심플하게 작성해야 한다.

두 번째. 리마커블한 콘텐츠뿐만 아니라 개성 있는 출간기획서를 작성한다.

이미 우리가 쓸 주제의 책들은 수천 권, 수만 권 이상 다른 누군가를 통해 출간되었다. 그러므로 후발 주자인 우리는 반드시 리마커블해야 한다.

튀지 않으면 죽음이다. 출간기획서는 반드시 개성이 줄줄 넘쳐야 하고,

튀어야 한다.

세 번째. 출간기획서에 반드시 비교도서 분석을 포함한다.

출판사 담당자들도 출간 의도나 집필 목적, 책의 목차나 서문, 본문만으로는 명확하게 이 책이 어떤 책인지 파악하기가 힘들다.

하지만 비교도서 분석을 해서 주면, 아주 쉽게 이 책이 어떤 책인지 정확히 알게 된다.

아래서 비교도서 분석의 예를 살펴보자.

우리 칼리지 수강생분들의 비교도서 분석의 예를 통해 '비교도서 분석은 이렇게 하는 것이구나' 하고 배울 수 있을 것이다. 심플하게 하려는 사람은 첫 번째 사례를 참조하고, 좀 더 화려하고 세련되게 하고자 하는 사람은 두 번째 사례를 참조하기 바란다.

〈비교도서 분석 예시 1〉

표지	도서명(저자) / 출판사 / 내용	공통점과 차이점
	『호흡명상 스트레스에 강한 멘탈 만들기』 (박지명, 이정훈) 물병자리, 2014 호흡명상으로 스트레스를 풀어주는 방법을 제시한다.	공통점: 명상으로 스트레스를 풀어주는 방법을 제시한다. 차이점: ① 명상의 대상이 호흡이 아닌 게임으로서 청소년들에게 거부감이 없다. ② 부모들이 문제라고 생각하는 게임을 해결방법으로 제시한다.
	『게임중독 벗어나기』 (권재원) 이담북스, 2010 게임에 대한 이해를 돕고 편견을 탈피해서 긍정적 측면과 부정적 측면을 설명한다. 중독의 원인과 해결책을 제시한다.	공통점: 게임의 부정적 측면을 개선하기 위한 해결책을 제시한다. 차이점: 게임중독뿐만이 아닌 대부분의 아이에게 게임을 활용하여 스스로 도움이 되는 방법을 제시한다.
	『스티브 잡스의 세상을 바꾼 기적의 명상법』 (뉴메디테이션) 산호와 진주, 2011 명상을 통해 창의력과 통찰력을 키운 스티브 잡스의 이야기다.	공통점: 명상의 이점을 말한다. 차이점: 청소년들도 쉽게 명상에 접근할 수 있는 계기를 만들어 준다.

〈비교도서 분석 예시 2〉

06 비교도서 분석

내가 제일 예뻤을 때

저자: 고로코야 진노스케

사랑, 일, 인간관계에서 행복하지 않은 여성들의
심리를 설명해주는 책

▶ **공통점** : 행복, 불행 모두 자신의 마음 안에 있는 것. 나를 잘 알게 되는 것이
행복의 시작임

▶ **차이점** : <내가 제일 예뻤을 때>
- 자신의 감정에 솔직해질 수 있는 방법을 전달해주는
심리상담가의 심리분석 자기계발서

<남편이 바람피워도 행복하게 살 수 있는 18가지 방법>
- 평범한 저자가 직접 경험한 사례들을 소개하며 독자 자신의
마음 속 행복을 찾을 수 있도록 도와주는 행복 에세이

최성애 박사의 행복수업

저자: 최성애

행복한 부부관계를 위한 사랑의 기술과 부부갈등을
지혜롭게 해결하는 방법을 가르쳐 주는 책

▶ **공통점** : 3040여성들이 부부갈등을 현명하게 해결하고, 보다 행복한 삶을
살아가기 위한 방법을 담고 있음

▶ **차이점** : <행복수업>
- 부부관계에 초점을 맞추어 행복을 다루고 있음

<남편이 바람피워도 행복하게 사는 18가지 방법>
- 자신의 마음, 관계, 일, 가정 등 우리가 마주치는 일상 전체를
다루면서 독자의 공감을 살 것

07 비교도서 분석

김미경의 인생미답

저자: 김미경

자신을 진정으로 사랑하는 것이 행복의 시작이다.
자신을 사랑하는 방법에 대한 70가지 에피소드를 전한다.

▶ **공통점** : 3040여성들이 진정으로 자신을 사랑하고 행복해지는 방법을
담고 있음

▶ **차이점** : <김미경의 인생미답>
- 스타 강사가 전하는 행복 이야기

<남편이 바람피워도 행복하게 살 수 있는 18가지 방법>
- 평범한 워킹맘이 실제 살아가면서 겪어 내는 소소한 일상이
담긴 행복에세이로 독자들의 눈높이에 맞춘 리얼 행복 솔루션 제공

대한민국에서 엄마로 산다는 것

저자: 신의진

아이를 키우며 행복하고 당당하게 일하는 법에
대한 이야기

▶ **공통점** : 일과 육아에 모두 최고가 되고자 하는
3040여성들에게 행복하게 사는 방법 전달

▶ **차이점** : <대한민국에서 일하는 엄마로 산다는 것>
- 일과 육아 적절히 균형을 유지하면서 행복하게 살아가는 방법에
관한 이야기

<남편이 바람피워도 행복하게 살 수 있는 18가지 방법>
- 일하는 엄마, 일하지 않는 엄마 모두 공감할 수 있는 이야기를 담고
있는 행복에세이로 독자들에게 좀 더 친근하게 다가갈 수 있음

출판사가 기다리는 출간기획서는?
(영업팀 / 편집팀 ver.)

칼리지를 운영하면서 수많은 이들의 출간기획서를 함께 만들었다. 그 많은 출간기획서 중에서도 가장 인상에 남는 출간기획서가 있다. 그리고 그러한 출간기획서는 반드시 계약에 성공했다.

왜 필자의 인상에 남는 출간기획서는 반드시 계약에 성공하는 것일까?

그것은 필자의 인상에 남는 출간기획서는 그만큼 출판사가 기다리는 출간기획서에 가깝기 때문이다.

출판사가 기다리는 출간기획서는 어떤 것일까? 5가지가 모두 좋은 출간기획서이다. 콘텐츠는 굉장히 좋지만, 책을 쓸 작가의 문장력이나 표현력이 부족하면 안 된다. 반대로 책을 쓸 줄 아는 작가이지만, 콘텐츠가 부실

한 경우도 안 된다.

첫 번째. 주제, 즉 콘텐츠가 남다르고, 독특할수록 좋다.

좋은 내용일수록 좋은 글을 쓸 수 있다는 것은 변함없는 불문율이다. 콘텐츠가 좋은 출간기획서는 영업팀과 편집팀 모두 좋아한다.

두 번째. 책을 쓸 작가가 뭔가 남다른 삶을 살았다면 더 좋다.

그 자체로도 스토리가 되기 때문이다. 이것은 홍보에도 큰 역할을 하기 때문이다. 바로 영업팀이 좋아하는 출간기획서이다.

세 번째. 목차와 서문이 훌륭한 출간기획서다.

이런 출간기획서는 편집팀에서 좋아한다. 편집의 시작은 목차이기 때문이다.

네 번째. 홍보와 마케팅에 대한 작가 나름의 방법, 역량이 있는 출간기획서다.

이런 기획서는 영업팀에서 두 손을 들고 환영한다.

한국에는 출판사가 수천 개 이상 있다. 정확히 몇 개 있다고 할 수 없을 정도로 많다. 그런데 이런 출판사 중에서 영업, 홍보, 마케팅을 제대로 할 수 있는 출판사는 10%도 되지 않는다고 생각하면 된다. 물론 정확한 치수는 조사해 본 적이 없다. 너무 많은 시간과 에너지가 낭비되기 때문이다.

그런데도, 필자가 이렇게 이야기할 수 있는 근거는 40개 정도의 출판사와 직접 계약을 해서 책을 출간해 본 적이 있고, 수백 개 이상의 출판사와 우리 수강생들을 직접 계약시켜 보고, 수십 권 이상의 책을 출간해 본 경험이 있기 때문이다.

다섯 번째. 네 번째와 비슷한 출간기획서다.

바로 페이스북이나 블로그를 통해 충분히 홍보와 마케팅을 잘 할 수 있는 파워 블로거와 같은 사람의 기획서이거나, 자신이 유명하거나, 자신이 운영하는 회사의 직원 수가 수백 명 이상인 사람의 기획서다.

한마디로 영업팀에서 무조건 좋아하는 기획서다.

'거절할 수 없는 단 한 줄의 홍보 문구'를 가지고 있으면 된다.

출판사가 거절 못 하는
원고 투고법

　출판사가 거절 못 하는 원고가 바로 이런 특징을 가지고 있는 사람의 것이다.

　콘텐츠가 어마어마하게 강한 사람의 원고는 절대 출판사가 거절하지 못한다. 필자의 수강생 중에 북한 아오지에서 살다가 탈북하여 남한에서 10년 동안 아무 연고도 없이, 학벌도 없이, 스펙도 없이, 돈도 없이, 기술도 없이 시작해서 지금은 주상복합아파트 30층에 사는 분이 있다.

　이분의 콘텐츠는 한마디로 강하다. 이런 분은 절대 출판사가 거절하지 못한다. 왜냐하면, 복이 넝쿨째 굴러 들어오는 것과 다름없는 원고이기 때문이다. 반드시 읽히고 잘 팔릴 책이기 때문이다.

출판사가 거절 못 하는 원고는 한마디로 무조건 팔리는 책이다. 무조건 팔리는 책은 콘텐츠가 좌우한다. 하지만 콘텐츠가 아무리 좋아도 이것을 제대로 엮을 줄 모르고, 잘 꿸 줄을 모르는 분들이 더 많다. 그래서 보석 같은 콘텐츠를 망치고, 자신도 망치고, 책도 망치는 경우가 많다.

다이아몬드 원석이 아무리 좋아도, 그것을 잘 다듬는 것도 중요하다. 구슬이 서 말이라도 잘 꿰어야 보배가 된다는 말이 바로 책쓰기를 두고 하는 말인 것 같다는 생각까지 들 정도로 이 속담은 책쓰기의 원리에 바로 적용이 가능한 말이다.

'무조건 잘 팔리는 책'은 출판사가 절대 거절하지 못한다. '무조건 잘 팔리는 책'은 반드시 콘텐츠가 훌륭하고 남다르다. 제목이나 목차나 내용 중에 하나라도 남다르고 독특하면 충분히 가능성은 커진다.

여기에 책을 쓰는 작가가 남다른 이력을 가진 사람이라면, 성공 가능성은 훨씬 더 커진다. 여기서 이야기하는 남다른 이력은 무조건 고학력, 고스펙을 의미하는 것은 절대 아니다. 오히려 그런 이력은 이제 한물갔다.

무조건 세계 최고의 명문대를 나왔다고 해서 독자들이 그 사람 책을 읽는 그런 시대는 갔다. 또한, 무조건 성공한 사람이라고 해서 그 사람 책이 잘 팔리는 것은 아니다.

이제는 부와 성공, 학벌과 스펙을 떠나서, 남과 다른 생각, 남과 다른 철학, 남과 다른 길, 남과 다른 경험, 남과 다른 목표, 남과 다른 인생을 살았던 사람의 책이 훨씬 더 잘 팔리는 시대가 되었다.

책은 이제 하나의 '상품, 그 이상의 것'이다. 책은 작가라는 생산자와 독자라는 소비자를 만든다. 그것뿐만이 아니라 한 권의 책을 통해 인간의 삶을 변화시키거나 큰 영향을 줄 수 있게 되기도 한다. 그러므로 책은 상품 그 이상의 것이다.

출판사가 거절 못 하는 원고는 안타깝게도 상품성만을 따지는 경우가 많다. 하지만 상품성이 있다는 것은 어떤 의미에서 상품 그 이상의 것임을 의미하기도 한다.

'무조건 잘 팔리는 책'은 반드시 '독자들이 절대로 거절할 수 없는 무엇인가'를 가지고 있는 책이다. 바로 그것을 출간기획서에 담아야 한다.

'독자들이 절대로 거절할 수 없는 그 무엇'이 누군가에게는 독특한 이력을 가지고 있는 저자 자신이 될 수도 있고, 남다른 스토리가 될 수도 있고, 남다른 생각과 철학이 될 수도 있다.

출간기획서 필수 요소
vs 선택 요소

출간기획서를 한 번도 작성을 안 해 본 사람은 막막할 것이다. 하지만 한 번이라도 필자의 수업을 듣고 함께 작성해 본 사람들은 두 번째, 세 번째 책의 출간기획서 작성은 누워서 떡 먹기보다 더 쉽다.

왜냐하면, 이미 한 번 만들어 놓은 출간기획서의 80% 이상은 그대로 재사용이 가능한 요소들이기 때문이다.

출간기획서의 필수 요소로는 이런 것들이 있다.

책 제목, 주제, 콘셉트, 예상 독자, 목차 구성, 서문, 작가 소개, 본문 샘플, 원고 집필 방향, 집필 동기, 핵심 내용, 기획 의도, 차별화 전략 등이다.

이 중에서 가장 중요한 것은 책의 주제와 핵심 내용, 저자 소개와 목차 구성이다. 즉 어떤 내용을 누가 이 책을 통해 어떤 방식으로 이야기할 것인가가 매우 중요하다.

왜 이 책을 썼는가도 매우 중요하다. 이 책을 어떻게 다른 책들과 다르게 작성할 것인가에 대해서도 반드시 서술해야 한다. 그것이 책의 '차별화 전략'이다. 차별화 전략은 이 책을 어떻게 다른 책과 다르게 만들어, 세상에 내놓을 것인가에 대한 고민과 사색의 결과이다. 책의 성패에 가장 중요한 요소 중 하나다.

그런 점에서 좋은 출간기획서는 반드시 저자 소개가 매우 매력적이고 세련된 것이라고 말할 수 있다.

반면, 출간기획서에 넣어도 좋고, 굳이 안 넣어도 좋은 선택 요소들로는 이런 것들이 있다.

원고 완성 시기, 저자의 상세 이력, 사진, 비교도서 장단점 분석, 시장조사, 원고의 차별점, 판매 및 홍보 전략, 강의 연계성 등이다.

이 중에서 필자가 생각하기에 가장 중요한 것은 비교도서 장단점 분석이고, 가장 필요 없다고 생각하는 것은 시장 조사다.

필자의 경우, 처음 출판사에 아무것도 가진 것도 없고, 이룬 것도 없이 투고할 때는 매우 심플하고 간단하게 했다. 콘텐츠만 가지고 승부를 겨뤘던 것 같다. 하지만 이제는 조금 더 화려하게, 세련되게 출간기획서를 작성할 필요가 있다.

자신의 책을 좀 더 잘 세상에 알려 줄 좋은출판사를 만나는 것은 무엇보다도 중요하기 때문이다.

출간기획서
10분 만에 완성하는 법

출간기획서 작성을 매우 어렵게 생각하는 사람들이 많다. 그래서 필자가 누구나 10분이면 출간기획서를 작성할 수 있도록 'One page 출간기획서'라는 시트를 작성했다.

각 항목이 질문에 답을 해 주는 형식이라고 생각하고, 자신의 책에 대해 간결하게 작성해 주면, 원 페이지 출간기획서가 완성된다. 너무 완벽하게 작성하려고 하지 말고, 어깨에 힘을 빼면 더 쉽게 효과적으로 작성할 수 있다.

저자 소개를 할 때 주의해야 할 점이 있다. 절대 자기 자랑을 해서는 안 된다. 동시에 절대 자기 자신을 너무 낮추는 그런 말을 해서도 안 된다. 전자는 너무 자만하는 것이고, 후자는 너무 비굴한 것이기 때문이다.

무엇을 하든 자신감 있고, 당당한 모습은 사람을 사로잡는 힘을 가지고 있다. 저자 소개를 할 때, 약간은 호기심을 자극하는 신비주의도 나쁘지 않다. 그렇다고 너무 심한 신비주의는 역효과를 낼 수 있다.

불을 보듯 너무 쉽게 명확하게 자신을 소개하기보다는 약간은 신비주의 콘셉트가 좋다. 너무 평범한 사람은 매력이 없기 때문이다. 자기 자신만의 독특한 개성이 있는 사람이 좋다. 그래서 약간은 괴짜 같고, 약간은 기인 같은 그런 저자 소개가 매우 효과적임을 필자는 많이 경험했다.

홍보 문구 및 마케팅 아이디어를 가지고 있는 출간기획서와 이것이 없는 것은 매우 큰 차이를 만들어낸다. 그러므로 반드시 자신의 책에 대해서 강렬한 홍보 문구와 효과적인 마케팅 아이디어를 만들어 놓기 바란다.

저자 자신의 경력이나 학벌, 인맥, 네트워크 활동, 회사, 동료, 거래처, 취미 활동, 동호회 활동 등이 또 다른 마케팅 포인트가 될 수 있다. 출판사 입장에서는 아주 좋은 홍보, 마케팅 수단이 될 수 있다. 하지만 많은 분이 이러한 사실을 잘 모르고, 출간기획서에 이런 사실들을 담지 못한다.

하지만 책의 주제나 내용보다도 이러한 사실들이 더 중요한 계약 조건이나 배경이 될 수도 있다. 일단 책은 많이 팔리고 읽혀야만 책으로서 가치가 있기 때문이다.

〈One Page 출간기획서〉

제목 (부제)	
저자 소개	
기획 의도	
핵심 주제	※ 딱 한 문장으로
핵심 내용	
예상 독자	
차별성	
원고 완성시점	
홍보문구 및 아이디어	
이 책이 세상에 꼭 나와야 하는 이유	

출판사 피칭,
원고 투고 제대로 하는 방법

　자. 이제 산 정상에 거의 다 올라왔다. 마지막 100m가 남았다. 그것은 바로 출판사에 피칭하는 것, 즉 원고 투고를 하는 것이다.

　원고 투고를 제대로 하는 방법을 소개하자면 이렇다. 먼저 원고가 아닌 자기 자신을 그럴듯하게 포장할 줄 알아야 한다. 거품이나 과장 광고를 하라는 것은 절대 아니다. 변장이 아닌 화장을 하라는 것이다.

　민얼굴로 맞선 장소에 나가 상대를 만나는 사람은 없다. 가장 멋진 옷을 입고, 가장 예쁘게 차려입고, 맞선 장소에 나가듯, 원고 투고를 할 때, 자기 자신을 가장 멋지게 포장해야 한다. 이때 주의해야 할 것은 절대 허위 기록을 하거나, 거짓말을 해서는 안 된다는 점이다.

원고 투고를 할 때, 출판사 관계자들이 한눈에 '이 사람은 프로다'라는 느낌을 주어야 한다. 그렇게 하려고 원고 투고할 때 메일 내용도 어느 정도 격식이 있어야 한다. 그리고 너무 많은 이야기를 주저리주저리 장황하게 떠벌리고 불필요한 사족을 추가하는 것은 금물이다.

프로는 단순하다. 프로는 명쾌하다. 프로는 치밀하다. 프로는 깊이가 있다. 프로는 내공이 있어야 한다. 원고 투고를 어떻게 하느냐에 따라, 프로답게 보일 수도 있고, 아마추어로 보일 수도 있다.

원고 투고 이메일 양식을 아예 하나 만들어 놓으면 매우 편하다. 또, 출판사 이메일 주소 등을 많이 확보해 놓으면 훨씬 편해진다. 필자는 서점이나 도서관에서 하나하나 다 직접 작성했지만, 칼리지 수강생들에게는 800군데 이상의 출판사 리스트를 무료로 제공해 준다.

출판사 피칭을 제대로 하기 위해서는 먼저 자신감이 있어야 한다. 출판사 피칭을 이메일로 하더라도, 하는 사람의 심정과 심리 상태가 이메일에 고스란히 담긴다는 사실을 알아야 한다.

자신감은 무엇보다 중요한 성공 요인이다. 자신감이 있어야 끝까지 할 수 있고, 끝까지 하는 사람이 결국에는 무엇이라도 이루어내게 되어있다. 출판사를 직접 만날 때도 자신감은 중요하다. 하지만 그 전에 출판사에 원고 투고를 할 때도 자신감이 절대적으로 필요하다.

실제로 수강생 중에 자신이 없어서, 출판사에 원고 투고를 못 하는 사람이 있었다. 필자가 직접 노트북을 들고, 강제로 하다시피 해서 투고를 하게 했다. 이 사람은 어떻게 되었을까?

당연히 그다음 날 출판사로부터 계약 요청을 받았고, 이미 오래전에 책이 출간되어 지금은 작가의 반열에 올랐다. 원고 투고를 제대로 하기 위해서는 자신감도 중요하고, 요령이나 스킬도 중요하다.

출판사 피칭을 제대로 하기 위한 요령이나 스킬 중에 또 한 가지는 이책이 출간되면 최소한 몇만 부 이상은 반드시 팔릴 수 있다는 근거나 증거를 정확히 제시하는 것이다. 그것은 작가의 인지도와 인기일 수도 있고, 경력이나 활동 사항일 수도 있다. 혹은 이런 것과 성질이 전혀 다른 또 다른 것일 수도 있다. 그것이 무엇인지는 작가 자신만 알고 있다. 그것을 모르는 사람도 있으나 그것을 발견하고, 발굴해내는 것이 중요하다.

결론은 이것이다. 출판사에 제대로 원고 투고한다는 것은 출판사를 한순간에 사로잡을 수 있을 만큼, 자신과 책의 가장 큰 매력과 장점, 차별성과 가치를 제대로 보여줄 수 있다는 것을 의미한다.

출판사와 제대로
계약하는 법

자. 이제 남은 단계는 출판사와 정식으로 계약하는 일이다. 그것도 제대로 말이다. 자 어떻게 하면 출판사와 제대로 계약을 할 수 있을까?

출판사와 제대로 계약을 하는 데 필요한 것은 출판사를 제대로 평가할 수 있는 눈과 판단력이다. 아무리 책이 좋고, 원고가 좋아도, 사기꾼 같은 나쁜 출판사와 계약을 하게 되면, 책도 버리고, 자신도 망하게 된다.

필자는 이런 경험이 있을까?

당연히 있다. 그것도 많다. 세상에는 선과 악이 존재하듯, 출판사도 좋은 출판사와 나쁜 출판사, 그것도 아주, 몹시 나쁜 출판사가 많다.

이 사실을 먼저 인식하고 시작하면 큰 낭패를 볼 일은 없을 것이다. 그렇다면 좋은 출판사란 어떤 출판사일까? 계약금을 많이 주는 출판사가 좋은 출판사일까? 아니면 인세를 정말 최고로 많이 주는 곳이 좋은 출판사일까?

실제로 우리 칼리지 졸업생 중에 전업 작가가 아님에도 500만 원을 계약금으로 받은 분이 있다. 필자도 정말 놀랐던 경험이 있다. 하지만 계약금을 많이 주거나, 인세를 많이 준다고 좋은 출판사라고 할 수 없다. 특히 첫 책을 출간하는 초보 작가에게는 적어도 그렇다.

초보 작가에게 가장 좋은 출판사는 작가를 진심으로 존중해 주고, 배려해 주는 출판사이다. 그리고 자신의 책처럼 초보 작가의 소중한 원고를 아껴 주고, 성공에 대한 확신이 있는 출판사이다.

이런 출판사가 초보 작가들을 마음고생 하지 않게 해 주고, 정성을 다해 책을 만들어 주기 때문이다.

초보 예비 작가들이 출판사와 계약을 할 때 조심해야 할 몇 가지를 알려 주면 이렇다.

너무 영세 업체는 거절해야 한다. 영세 업체는 직원도 없고 혼자 하는 1

인 출판사인 경우도 흔하다. 하지만 1인 출판사라고 다 거절할 필요는 없다. 다만 책의 품질이 너무 떨어지는 출판사는 반드시 거절해야 한다.

제대로 읽히지 않는 책은 출간하지 않는 것이 오히려 낫다. 그런데 책의 내용이나 콘텐츠는 너무나 좋지만, 출판사를 잘못 만나서 표지 디자인과 책의 품질이 떨어져서 많이 팔릴 수 있는 책들이 출간되자마자 묻히는 경우가 흔하다.

그러므로 좋은 출판사, 제대로 책을 만들어 주는 출판사를 잘 선택해야 한다. 물론 초보 작가에게 책을 만들어 주겠다고 한다면, 초보 작가로서는 감사하고 고마운 일이다. 하지만 그런데도, 자신의 자식과 같은 책의 제작을 믿을 수 없는 곳에 맡길 수는 없다.

책은 두고두고 오래 갈 수 있는 물건이다. 순간의 선택이 평생을 좌우할 수도 있다. 그러므로 직접 출판사 담당자와 만나보고, 신뢰할 수 있는 출판사, 제대로 책을 만들어 낼 수 있는 출판사를 선택해야 한다.

GOOD
WRITING

제3부

독자를 유혹하는 책쓰기 비법Ⅱ
: 경쟁력 있는 작가 되는 법

"많은 사람이 책을 쓴다. 밥 먹을 시간이 없을 정
도로 바쁜 사람들도 책을 쓴다. 책은 자기 자신을
마케팅하게 해 주는 최고의 자기 홍보 수단이기
때문이다. 책을 쓰면 싫든 좋든 저자와 책은 세상
에 나오게 되고, 알려지게 된다. 세상에 홍보가 된
다. 저자가 잠을 자는 시간에도, 휴가를 보내고 있
는 시간에도 홍보는 계속된다. 책은 시간과 장소
를 가리지 않고, 독자에게 읽힌다. 세상에 알려진
다는 것은 엄청난 일이다."

— 『48분 기적의 책쓰기』 중

제1장

독자를 유혹하는
책쓰기 비법!

"글쓰기는 사색의 결과물이 아니라 경청의 결과물이다. 그래서 자만하거나 교만한 사람들은 글을 쓸 수 없다. 하지만 자신을 낮추고 입을 닫고 조용히 타인과 세상의 말에 귀를 기울이는 사람들은 글을 쓸 수 있다." - 『김병완의 책쓰기 혁명』중

독자를 유혹하는 책을
쓰는 비법

독자를 유혹하기 위해 가장 중요한 것은 독자의 심리를 파악하는 것이다. 독자의 고민, 독자의 상황, 독자의 니즈를 잘 파악하여, 독자에게 가장 필요한 것을 일깨워주는 책이 독자를 유혹할 수 있다. 독자를 유혹하기 위해 독자보다 더 뛰어날 필요는 없다. 오히려 작가 자신의 인간적인 요소가 드러나는 책이 더 효과적이다.

독자들을 유혹하는 것은 남성이 여성을 유혹하는 것과 다를 바 없다. 남성이 여성을 유혹할 때 가장 쉽게 사용하는 방법이 무엇인가? 바로 친절을 베푸는 것이다. 선물로 환심을 사는 것이다.

책을 쓸 때 친절을 베풀어라. 선물로 환심을 사라. 책을 쓸 때 베풀 수 있는 친절은 이런 것이다.

그냥 '97년에'라고 하기보다는 더 구체적으로 '1997년에'라고 쓰는 것이다. 선물을 준다는 것은 독자들이 무엇을 기대하든 기대 이상의 것을 제공하는 것이다. 독자들이 저마다 책을 읽기 시작할 때 가지는 기대 수준을 과감하게 뛰어넘어 기대 이상의 만족을 주는 것이 독자에게 선물을 주는 것이고, 독자를 유혹하는 책을 쓰는 방법이다. 독자를 유혹하기 위해서는 절대 장황하게 현상이나 해결책을 늘어놓아서는 안 된다. 제발 독자를 지치게 하지 마라.

물론 독자를 감동시키는 것도 독자를 유혹하는 최고의 방법이다. 그렇다면 어떻게 문장만으로 감동을 줄 것인가? 바로 작가 자신의 힘들고 어려웠던 시절 이야기와 그것을 이겨내고 지금 도약에 성공한 것을 스토리로 만들어 전달해 주면 된다. 스토리는 힘이 강하다. 명심하라.

또 한 가지, 스토리만큼 힘이 강한 것이 있다. 간결한 문장이다. 간결한 문장은 힘만 강한 것이 아니라, 리드미컬하게 읽혀 독자들을 쉽게 빠져들게 한다. 최고의 문장론 아닌가?

독자를 유혹하기 위해서는 먼저 작가가 책을 쓰면서 전율해야 한다. 작가가 전율해야 독자도 전율한다. 책을 쓸 때는 피로 쓰고, 혼을 심어야 한다. 작가가 피로 쓸 때, 독자는 최소한 피와 같은 글을 읽는다. 그렇지 않다면 독자는 밋밋한 물과 같은 책을 읽게 될 것이다.

좋은 작가가 되는 데
필요한 3가지

좋은 작가가 되는 데 필요한 3가지가 있다면 무엇일까?

여기서 먼저 좋은 작가에 대해 어느 정도는 규정해야 할 필요가 있지 않을까? 일단 좋은 작가는 표절 작가는 절대 아니어야 한다. 표절은 독자를 속이는 행위이기 때문이다.

즉, 좋은 작가는 진짜여야 한다. 그리고 독자들이 쉽고 재미있게 읽을 수 있도록 쉽고 재미있고 명확한 책을 써낼 수 있어야 한다. 거기에 독창적이고 참신하고 흥미를 유발하는 문장력과 표현력, 구상력과 구성력까지 갖추고 있으면 더할 나위 없이 좋을 것이다.

이렇게 긴말을 한 단어로 하면, 바로 '문장력을 갖춘 작가'이다.

'문장력을 갖춘 작가'란, 끝까지 독자가 읽어 내려가게 만드는 힘을 가진 작가다. 자신의 책을 독자들이 읽게 하고, 그것을 지속하게 만들어 끝까지 읽게 하는 힘이 바로 문장력이고, 작가가 가져야 할 최고의 능력이다. 그렇게 하려면 주제가 독창적이고 참신해야 할 뿐만 아니라 문장력이 있는 글을 써낼 수 있는 능력까지 갖추어야 한다.

바로 이런 작가가 좋은 작가다. 그리고 이런 좋은 작가가 되는 데 필요한 3가지는 이것이다.

첫째. 양이 질을 이긴다.

이것은 진리다. 그러므로 매일 글을 쓰는 것이 필요하다. 글을 쓰는 작가가 하는 일이 너무 많거나, 다른 일에 너무 많은 시간과 에너지를 뺏기게 되면 안 된다. 작가란 다름 아닌 매일 글을 쓰는 사람이기 때문이다.

매일 글을 쓰는 사람이 결국에는 재능 있는 사람을 뛰어넘고, 문장력을 갖춘 작가가 되기 때문이다.

이런 점에서 필자는 부끄럽다. 책쓰기 코치로, 독서법 코치로 너무 많은 시간과 에너지를 낭비했기 때문이다. 이 책을 근거로 다시 책쓰기에 더 많은 시간과 에너지를 쏟고자 다시 한번 결심해 본다.

둘째. 수직적, 수평적, 평면적 사고가 아닌 입체적인 상상력이 필요하다.

작가는 지식을 전달해 주는 지식 전달자가 되어서는 안 된다. 더 뛰어난 작가일수록 지식이 아닌 지혜를 발굴하고 그 지혜를 독자들이 깨닫도록 해 준다. 세스 고딘의 『이카루스 이야기』를 읽어보라. 작가의 독특한 상상력이 정말 고개를 숙이게 하지 않는가?

셋째. 세상을 전혀 다르게 볼 수 있는 남다른 시각이 필요하다.

똑같은 시대를 살고 있지만, 넛지 효과를 발견한 리처드 탈러, 캐스 선스타인은 전혀 다른 시각으로 우리의 무지와 어리석음을 통쾌하게 깨닫게 해 준다. 이런 작가들이 훌륭한 작가들이다.

경쟁력 있는 작가가 되기 위한
5가지 꿀팁

책을 많이 쓴 사람들이 갑자기 궁금해지지 않는가?

한국에서 가장 많은 책을 쓴 사람은 혜강 최한기 선생이다. 평생 1,000여 권 이상의 책을 집필했다고 전해진다. 아쉽게도 90% 이상의 책이 일제 강점기에 사라졌다.

조선시대 다산 정약용 선생은 18년이라는 기간 동안 500권의 책을 쏟아냈다. 정말 폭풍 집필이지 않은가? 1년에 27권 정도를 매년 집필했다는 것이다. 정말 대단하다.

필자는 2013년 한 해 동안 23권의 책을 출간한 적이 있다. 다산 선생에 비하면 턱없이 부족하다.

서양에도 다작가들이 있다. 필자가 아는 사람으로는 스토아학파의 대표 철학자 중 한 명인 크리시포스가 있다. 그는 생전에 705권 이상의 저서를 썼다고 알려졌다. 〈 [그리스 로마 철학], 정영도, 참조 〉

기원전 4세기 철학자 에피쿠로스도 다작가 중의 한 명이었다. 그는 300권의 책을 집필한 것으로 알려진다. 하지만 현존하는 것은 많지 않다.

자! 필자가 이야기 하고 싶은 것은 누가 얼마나 많은 책을 썼느냐가 아니다. 경쟁력 있는 작가가 되기 위해 가장 필요한 것은 '많은 책을 쓰는 것'이라는 사실이다.

처음에는 그것이 공해나 쓰레기가 될 수도 있다. 하지만 처음부터 명작을 쓴 사람은 세상에 단 한 명도 존재하지 않는다. 그러므로 용기를 내고, 지금 당장 써라.

- 첫 번째 꿀팁: 무조건 쓸 것, 쓰기를 절대 멈추지 말 것
- 두 번째 꿀팁: 그것을 고치고 또 고칠 것
- 세 번째 꿀팁: 어제보다 더 많이 쓰고 또 고칠 것

양이 질을 이긴다. 위대한 작가일수록 많은 양의 글을 썼다. 이것은 진리다. 글쓰기는 쓰는 것 자체가 훌륭한 연습이고 훈련이 될 수 있는 독특

한 것이다.

■ 네 번째 꿀팁: 많은 양의 독서를 할 것

하지만 무조건 쓴다고 해서 책쓰기 실력이 일취월장하는 것은 아니다. 여기에 뭔가를 결합하여야 한다. 그것은 엄청난 양의 독서와 사색이다. 엄청난 양의 독서를 통해 우리가 얻을 수 있는 실질적인 책쓰기 비법 중의 하나는 놀라운 어휘력과 문장 기술이다.

방대한 독서보다 더 어휘력 향상을 도와주는 공부는 없다. 다양한 문장의 기술과 패턴, 구성을 접하는 데 있어 방대한 독서만큼 효과적이고 좋은 방법은 이 세상에 없다.

결국, 방대한 독서는 책을 잘 쓰는 데 필요한 어휘력 향상과 문자 기술을 쉽게 빠르게 배울 수 있는 최고의 방법이다. 필자가 3년 동안 도서관에 있는 책을 거의 다 읽자, (물론 과장법이다. 도서관에는 수십 만권의 책이 있고, 그중에 십 분의 일 정도밖에 읽지 않았으니) 책쓰기가 밥 먹기보다 더 쉽고 편해졌다. 거짓말이 아니다. 이것은 과장도 아니다.

중국의 시성 두보가 젊은 날 만 권의 책을 읽고, 만 리의 여행을 떠나면서 이런 시를 썼다.

"독서파만권 하필여유신."

(만 권의 책을 읽으니, 글 쓰는 것이 신의 경지에 이른 것처럼 쉽고 편하구나.)

엄청난 양의 독서를 하려면 도서관에 자주 가서, 많은 책을 읽고 섭렵해야 한다. 자신의 분야의 책만 읽으면 사고가 편협해진다. 지금은 전문가가 아니라 제너럴리스트가 주목받는 시대다. 성공하는 작가, 경쟁력 있는 작가의 특징이 바로 이것이다. 한 분야의 스페셜리스트가 아니라 다양한 분야, 방대한 분야의 제너럴리스트라는 점이다.

필자는 도서관에서 방대한 분야의 책들을 다 섭렵했다. 그 덕분에 사고가 매우 유연하고 독창적으로 변했다.

■ 다섯 번째 꿀팁: 끊임없이 수준 높은 새로운 질문을 던질 것

많은 양의 독서를 하면서 동시에 해야 하는 것이 있다. 바로 끊임없이 '새로운 질문, 엉뚱한 질문을 던지는 것'이다. 이렇게 끊임없이 한 번도 누가 던지지 않았던 새로운 질문을 던지면, 그만큼 많이 사고하게 되고, 사고력이 단단해지고 향상된다.

생각의 근육이 생긴다. 그러므로 수동적인 독서가 아니라 능동적인 독서를 통해 생각의 근육을 단련하는 유일한 방법은 끊임없이 새로운 질문

을 던지는 것이다. 누구에게? 바로 자기 자신에게 말이다.

질문의 해답을 스스로 사고를 통해 찾아야 한다. 책 속에 답이 있는 질문은 절대 해서는 안 된다. 세상의 어떤 책 속에도 정답이 없는 새로운 질문을 던지는 것이 중요하다. 질문의 수준만큼 당신의 사고력도 향상될 것이기 때문이다.

훌륭한 작가가 되기 위해서는 많은 책을 읽어야 한다는 것을 『글쓰기의 모든 것』의 저자 프레드 화이트도 멋지게 강조했다.

"훌륭한 작가는 적어도 독서에 관해서 만큼은 '잡식성 대식가'가 되어야 한다. 독서를 하면 글을 전개하는 새로운 방식을 배우는 것뿐만 아니라 감각적 자극을 키우는 언어적 표현을 익힐 수 있으며 시공을 초월한 여행을 하게 되기 때문이다."

〈 [글쓰기의 모든 것], 프레드 화이트, 136쪽 〉

세상에 대해, 타인에 대해 이렇게 끊임없이 던지는 새로운 질문은 그 자체가 하나의 책의 주제가 되고, 내용이 될 수 있다. 그러므로 가장 경쟁력 있는 책은 바로 이런 책이다. 그 어떤 책에서도 찾을 수 없는 정답을 가지고 있는 새로운 질문을 던지는 책. 이런 책이 최고의 책이다.

제2장

대체불가 작가, 강사, 1인 기업가가 되는 법

"위대한 사람, 잘난 사람, 재주 있는 사람만이 책쓰기를 할 수 있는 것이 아니다. 오히려 그렇지 못한 사람이기에 책쓰기를 통해 더 쉽게 그런 사람이 될 수 있고, 자신의 한계를 넘어설 수 있다." - 『김병완의 책쓰기 혁명』 중

가슴 뛰는
저서 출간 프로세스

"'작가가 된다는 것은 무에서 유를 창조해 낸다는 것'이다. 당신이 책을 한 권 썼다는 것은 단순하게 글을 쓴 것이 아니라 무엇인가를 만들어 이 세상에 남겼다는 것이다. 그것도 당신의 이름을 걸고 말이다. 그런 점에서 작가가 되는 것은 결국 무엇인가를 세상에 당당히 만들어 보여주는 것이다. 그렇다면 그 무엇인가의 주체는 누구일까? 바로 당신이다. 작가가 된다는 것은 당신을 이 세상에 당당하게 보여주는 것이다."

〈 [7주 만에 작가 되기], 김병완 〉

본문을 다 쓰고 나서 원고를 통째로 출판사에 주면서 원고 투고를 하는 방식도 있다. 하지만 지금은 이런 시대가 아니다.

본문 전체를 통째로 원고 투고를 하면 출판사 입장에서는 가장 좋지만,

작가로서는 좋은 점보다 나쁜 점이 더 많다.

첫째. 출판사와 본문의 성격이나 방향이 맞지 않아서, 원고를 통째로 다시 작성해야 하는 경우도 많다. 결국, 고생하는 것은 작가이다.

둘째. 출판사가 원고 전체를 읽게 함으로써 검토 기간이 상당히 오래 걸린다. 비효율적이라고 말할 수 있다.

셋째. 목차 구성과 책의 핵심 주제, 기획 의도, 비교도서 분석, 저자 소개, 샘플 원고 등과 같은 것들로 충분히 책의 모든 것을 파악하고 평가할 수 있는 데, 굳이 원고 전체를 보낼 필요는 없다.

그래도 원고 전체를 보내달라고 하는 출판사가 적지 않다. 이런 출판사는 나름의 소신이 있을 것이다. 하지만 작가로서는 원고 전체를 보내기보다는 일부 샘플 원고만 보내는 방식이 훨씬 더 유리하다.

작가들이여! 출판사의 말에 너무 휘둘리지 말아야 한다. 작가는 용기가 필요하다. 독자들의 악평에도 꿋꿋하게 버틸 수 있는 용기뿐만 아니라 출판사의 주장에도 휘둘리지 않는, 중심을 잡는 용기 말이다. 이런 용기는 출판사와 정식으로 계약하고 나서부터 더 중요하다. 출판사가 이렇게 저렇게 자기 좋을 대로 요구하는 것이 많아질 수 있다. 물론 작가와 출판사는 공생 관계다. 하지만 작가는 언제나 을이었고, 출판사는 갑이었다.

그래서 '출판사, 갑의 횡포'라는 말도 생겨났다. 작가는 늘 약자여서 출판사가 계약해 놓고 몇 개월 혹은 몇 년이 지나도, 책을 출간해 주지 않을 뿐만 아니라, 아무 잘못도 없는 원고를 트집 잡으면서, 계약 파기를 일방적으로 하는 경우가 적지 않다.

정식으로 계약이 된 이상, 계약을 일방적으로 파기하고 책을 출간해 주지 않는 것은 엄연한 계약 위반이며, 출판사의 갑의 횡포다. 필자도 이런 경우를 많이 당해 봤다.

그러므로 작가들이여! 출판사와 계약을 한 이후부터 더 정신을 차려야 한다. 물론 좋은 출판사, 정직한 출판사, 작가를 배려해 주는 출판사가 훨씬 더 많다.

출판사와 계약하면, 기분이 너무나 좋아서, 하늘을 날 것 같고, 구름 위를 떠다니는 기분이 든다. 자녀들에게 자랑하고 싶고, 자부심도 느끼고, 인생을 살면서 최고로 기분이 좋은 순간일 수도 있다. 이 기분을 필자는 잘 안다. 하지만 이런 승리의 기분에 도취해 헤어 나오지 못하면 안 된다. 이제부터 시작이라는 마음으로 새롭게 시작해야 한다. 계약서 내용을 꼼꼼히 살펴서, 언제까지 원고를 넘겨야 하는가를 먼저 체크하고, 마감기한

한 달 전까지 원고를 다 작성해서 마무리한다고 목표를 잡고 집필 일정을 세우고, 지금 당장 시작해야 한다.

미리미리 시작해서 한 달 전에 완료하는 것이 좋다. 완료했다고 해서 바로 원고를 넘겨서는 안 된다. 원고 마감기한 일주일 전에 넘기는 것이 가장 좋다. 너무 빨라도 이상하게 생각하고, 너무 늦어지면 출간이 힘들 수도 있다.

출판사 담당자와 수시로 자주 연락하고, 소통하는 것이 매우 중요하다. 결국, 책은 사람이 만드는 것이기 때문이다. 출판사 계약 이후 신경 써야 하는 것은 마감 이전까지 원고 완성하는 일과 출판사 담당자와의 긴밀한 소통 관계 유지다.

강사, 1인 기업가
맞춤 컨설팅

책을 한 권 출간하는 것은 정말 중요한 일이다. 인생을 살면서 자신의 이름으로 된 책 한 권이 없는 사람들이 훨씬 더 많기 때문이다. 하지만 필자는 여기서 좀 더 많은 것을 졸업생들에게 요구한다. 더 큰 목표를 가지고, 더 큰 세계를 향해 도전하고 노력하자고 말이다.

"한 권의 책의 저자가 된 것에 절대 만족하지 마시고, 두 번째 책, 세 번째 책에 도전해보세요."

필자의 이런 요구에 졸업생들은 열정을 다해 대답해 준다. 그 덕에 벌써 다섯 권의 책을 출간한 졸업생도 있고, 두 권 이상의 책을 출간한 졸업생은 너무 흔하다.

그리고 필자는 여기서 멈추지 말라고 또 그 이상의 것을 요구한다. 바로 강사와 1인 기업가에 도전해보라고 말이다.

필자의 이런 끝없는 도전 정신과 인생 혁명 정신 때문에 실제로 평범한 직장인 혹은 평범한 가정주부였던 분들이 프로 강사가 되고, 1인 기업가가 되었다. 직장인에서 1인 기업가가 되어 먹고 살게 된 사람들은 무엇이 좋을까?

필자도 11년을 직장생활을 해 봤다. 그리고 지금은 1인 기업가, 강사로 활동하고 있다. 어떤 삶이 더 좋을까?

두말하면 잔소리다. 후자가 백 배 정도 더 좋다. 사회적으로 더욱더 많은 인정을 받고, 경제적으로 더욱더 많은 혜택과 수익을 올릴 수 있다. 사회적, 경제적으로 자유를 만끽하는 것보다(물론 직장인들에게는 이런 것들이 최고이겠지만 말이다) 더 중요하고 좋은 것은 무엇일까?

바로 평생 현역으로 생활할 수 있다는 것이다. 누가 명예퇴직하라고 권고하는 사람도 없고, 이것 해라 저것 해라 지시하는 사람도 없고, 고과를 평가하는 사람도 없다.

당신이 당신 삶의 주인이 되고, 당신이라는 회사의 CEO가 되는 것이다.

정말 멋지지 않은가? 직장을 다닐 때는 늘 고과 평가와 정해진 업무 시간, 고된 업무, 박봉에 시달려야 했지만, 이제는 그렇지 않다.

필자가 직장생활도 십 년 이상 해 봤고, 작가, 강사, 1인 기업가로서 성공적으로 활동하고 있으므로 누구보다도 잘 안다. 직장인들의 고충을 말이다. 길어진 평균 수명을 생각하면, 길게 내다보고 시야를 넓혀야 한다. 그래서 졸업생들에게 이런 사실을 주지시키고, 더 큰 세상, 더 큰 내일을 준비하도록, 되도록 강사로 활동하도록 많은 것들을 지원해 주고 있다.

김병완 칼리지의 자랑 중의 하나가 바로 이것이다. 강남에 50명 정도를 모아 놓고 강의할 수 있는 강의장을 책쓰기 수업에 참여하여 정식으로 졸업한 졸업생들에게 무료로 대여해 주고, 특강을 열게 도와주어, 강의 훈련과 연습을 하고, 강사로 준비할 수 있도록 실질적인 도움을 준다.

이렇게 하고 있지만, 열정을 가지고, 자신의 미래를 위해 노력하는 사람은 많지 않다. 바로 이것이 성공하는 사람들이 그렇게도 적은 이유가 아닐까?

또 김병완 칼리지는 졸업생들이 온종일 와서 책을 집필할 수 있도록 집필 공간도 오픈하고 있다. 지난겨울에는 방학이면 매일 와서 집필하는 교사들도 있었다.

한 권의 책이 출간되면 그것이 다 된 것이 아니다. 그때부터 제대로 시작해야 한다. 명심하라. 멈추거나 포기해서는 안 된다. 하지만 꾸준히 천천히 멈추지 않는 사람은 결국 대성한다.

목표를 지금보다 훨씬 더 높게 잡고, 조급한 마음을 버리고, 어깨에 힘을 빼고, 매일 조금씩 한 걸음씩 걷는 것이 중요하다.

대체불가
작가가 되는 법

세상에 하나밖에 없는 작가, 대체불가 작가가 되어야 한다. 최고의 경쟁력은 대체 불가한 존재가 되는 것이다. 대체불가 작가가 되려면 어떻게 해야 할까?

첫 번째는 세상을 다른 눈으로 바라볼 줄 알아야 한다.

정해져 있는 원칙과 틀 속에 갇혀 있는 사람은 절대 창조적인 작가가 될 수 없다.

두 번째는 춤을 추듯 책쓰기를 즐길 줄 알아야 한다.

'예술가는 사슬에 묶인 채 춤을 추는 자'라고 니체가 말한 적 있다.

세 번째는 글쓰기를 가지고 놀 줄 알아야 한다.

리처드 파인먼은 물리학을가지고 놀았고, 퀴리 부인은 방사능 연구를 하고 놀았다.

네 번째는 즉흥적인 글쓰기를 할 줄 알아야 한다.

대체불가 작가가 되기 위해서는 즉흥적인 글쓰기를 할 줄 알아야 한다. 창조성과 진실은 빨리 써 내려가는 과정에서 탄생한다.

SF 문학의 거장이라고 하면 누가 생각이 나는가? 아이작 아시모프도 생각이 나지만, 그 사람과 함께 동등하게 거장으로 추앙받는 한 사람이 있다. 바로 레이 브래드버리다. 그는 대학 진학을 하지 않고, 도서관에서 책을 읽고, 위대한 작가의 반열에 오른 인물이다. "도서관이 나를 길러냈다"라고 자신의 입으로 직접 말할 정도로 그가 추천해 주는 책쓰기 비법은 간단하다. 매일 매일 글쓰기를 하는 것, 그리고 온 힘을 다해 책을 읽고, 세상을 관찰하는 것이다.

다섯 번째는 프리 라이팅을 즐길 줄 알아야 한다는 것이다.

문법이나 맞춤법, 띄어쓰기에 신경 쓰지 말고, 자유롭게 신나게 빠르게 책을 쓰는 그 맛을 느낄 수 있어야 한다. 춤을 출 때 박자나 몸동작, 옷매무새, 표정 등에 신경을 쓰면서 춤을 추는 사람이 어디 있는가? 왜 책을 쓰면서 책을 쓰는 그 순간 책쓰기에 집중하지 않는가?

맞춤법이나 띄어쓰기에 신경 쓴다면, 창조적인 작가가 될 수 없다. 기존의 형식과 규칙을 파괴할 수 없다면 어제의 그 상태에 평생 머물러 있어야 한다. 파괴하고 더 나은 것을 만들어내면 된다.

작가는 말하는 영혼을 가진 사람이지, 말하는 기술자가 되어서는 안 된다. 문법, 맞춤법, 띄어쓰기 운운하는 사람은 말하는 기술자에 초점을 맞추는 사람들이다. 아름답고 세련된 문장보다는 거칠고 투박하지만, 숨소리가 나는 살아 있는 문장을 쓰는 작가가 되어야 한다.

그런 점에서 필자는 다른 분들이 추천하지 않는 아주 독특한 방식을 추천해 주고 싶다.

바로 '후려 쓰기'다.
'후려 쓰기'는 다른 말로 '몰아붙여 쓰기'다.

프리 라이팅은 자유롭게 쓰는 것에 초점이 맞추어 있는 서양에서 시작된 글쓰기 기법이다. 하지만 필자가 제안하는 '후려 쓰기'는 시간과 속도에 초점에 맞추고 있는 한국식 글쓰기 기법이라고 생각한다. 필자가 제안한 한국식 독서법 초의식 독서법과 퀀텀 리딩처럼 말이다.

후려 쓰기에 숙달하면 무엇이 좋을까?

- 첫째. 책쓰기의 요령이 몸에 배게 되어 글쓰기가 손쉬워진다.
- 둘째. 엄청난 집중력이 발휘되어 자신도 모르는 글감을 얻을 수 있게 된다.
- 셋째. 속도감을 느끼게 해 주어, 책쓰기의 고수가 되게 해 준다.

필자는 후려 쓰기의 전문가다. 옛날에 나온 문장가들의 책에 보면 후려 쓰기의 좋은 점에 관해 주장하는 분들이 많다. 필자는 디지털보다 아날로그를 좀 더 좋아하는 편이다.

정리하면 이렇다.

대체불가 작가가 되기 위해서는 세상을 다르게 보는 눈을 가져야 한다. 그리고 책쓰기를 춤을 추듯 즐기고 가지고 놀 줄 알아야 하며, 즉흥적인 글쓰기를 할 줄 알아야 한다. 프리 라이팅을 자주 하는 것도 매우 중요하다. 그리고 가장 강력한 방법인 '후려 쓰기', 즉 몰아붙여 쓰기를 하는 것도 잊어서는 안 된다.

GOOD
WRITING

부록

책쓰기로 인생을 바꾸는 법
: 김병완 칼리지

"100세 시대다. 50에 은퇴를 해도, 남은 50년을 무엇을 하면서 먹고살 것인가? 〈논어〉 위령공 편에 '인무원려 필유근우人無遠慮 必有近憂'라는 말이 있다. 멀리 내다보지 못하면, 반드시 가까운 데 근심 거리가 생기기 마련이다. 회사에 의지하지 않고, 당당하게 살아갈 자기 브랜드가 있어야 한다. 당신은 가지고 있는가?

그런 점에서 당신에게 가장 필요한, 최고의 무기는 책쓰기다. 책쓰기는 자신과 세상을 동시에 성찰할 수 있게 해 준다. 책쓰기는 멀리 내다볼 수 있게 해 주고, 폭넓게 생각할 수 있게 해 준다. 그래서 책쓰기 수련을 하는 사람은 크게 어긋나지 않는다. 또한, 책쓰기는 자기 브랜드를 만들어 준다. 책쓰기는 평생 현역으로 살아갈 수 있게 해 준다."

– 『48분 기적의 책쓰기』 중

- 부록 1 -

대한민국 넘버원 책쓰기 학교
:'김병완 칼리지'란?

"위대한 사람, 잘난 사람, 재주 있는 사람만이 책쓰기를 할 수 있는 것이 아니다. 오히려 그렇지 못한 사람이기에 책쓰기를 통해 더 쉽게 그런 사람이 될 수 있고, 자신의 한계를 넘어설 수 있다." -『하버드 글쓰기 강의』, 바버라 베이그, 10P

왜
'책쓰기 학교'인가?

"책쓰기 학교란 것이 있다고? 그것도 7주 과정이라고?"

"뭐? 책쓰기 학교 7주 수업이면 된다고?"

"책쓰기가 무슨 옆집 강아지 이름이야? 7주만 투자하면 책을 쓸 수 있다고?"

"7주 만에 평범한 사람이 책쓰기가 가능하다고?"

"책을 써 본 경험이 없는 일반인이 7주만 투자하면 책을 쓸 수 있나요?"

"작가님. 내공도 없고, 책도 많이 읽지 않았는데, 정말 책쓰기가 가능할까요?"

"저 같은 사람도 진짜 될까요? 책쓰기 말입니다."

이 질문들이 가지고 있는 하나의 공통점이 있다. 바로 필자가 지난 3년 동안 200명 이상에게 직접 들은 질문이라는 것이다.

세상에는 의견이 분분하다. 심지어 자신의 배로 낳은 자식들도 부모와 의견이 다를 수밖에 없다.

자식들은 자신이 가수로 크게 성공할 수 있다고 주장하고, 부모는 자식들이 엄청난 고생만 하고, 힘든 인생을 살게 될까 봐 보따리 싸고 다니면서 뜯어말린다. 연예인이 되려고 수십 년을 고생만 해도, 무명으로, 밥벌이도 못 하면서 힘들게 살아가고 있는 수천 명의 무명 연예인 지망생 혹은 무명 연예인들이 이 세상에는 실제로 존재하기 때문이다.

작가의 세계도 그렇다.

독자들은 작가의 세계를 잘 모른다.

책쓰기를 통해 눈부시게 화려하게 엄청나게 돈을 많이 벌고, 고급 외제차를 보란 듯이 타고 다니면서, 그것을 마케팅에 이용하는 그런 잘 나가는 한두 명의 책쓰기 성공자들을 보고, 그것이 책쓰기의 세계의 전부인 양 현혹당하고 있다.

의사나 변호사의 세계도 마찬가지다. 화려한 연예인의 세계가 이 정도라면 의사나 변호사의 세계는 자격증을 획득하기 위해 먼저 엄청난 고생을 해야 하고, 자격증을 획득했다고 해서 다 된 것은 아니다. 평생 다른 의사나 변호사보다 더 열심히, 더 잘 해야만 수익이 생기는 1인 기업가, 프리 랜서와 똑같은 신세일 뿐이라고 한다.

자! 그렇다면 책쓰기의 세계는 어떤가?

한마디로 하자면, 인류 역사상 책쓰기를 하기가 이렇게 쉽고 편해진 시 대는 전무후무하다. 그리고 인류 역사상 책쓰기를 통해 이렇게 쉽게 돈을 벌고, 밥벌이를 할 수 있는 시대는 또한 전무후무하다.

과거에 책쓰기는 목숨을 걸고, 자신의 소신을 목숨과 바꾸고자 하는 사람들이 많이 해야 했던 정말 엄청난 결단과 행동이 필요한 용기 있는 행 동 중의 하나였다. 하지만 지금은 누구나 할 수 있는 것, 그 어떠한 큰 용기 나 결단도 없이, 누구나 쉽게 할 수 있는 것이 책쓰기가 되었고, 그 성과나 영향력은 상상할 수 없을 정도로 크다.

그래서 많은 이들이 책쓰기를 하려고 한다.

그런데 과연 혼자서 하면 가능할까? 물론 가능한 사람도 있다. 하지만 누군가가 그것도 충분한 경험이 있는 전문가가 코치해주면, 숙달 기간이 나 시행착오를 훨씬 더 줄일 수 있다. 사실이다.

"책쓰기 학교에 입학해서, 딱 8주 동안만, 책쓰기 수업을 받으면, 책을 한 번도 써 본 적이 없는 사람도 책을 쓰고 계약하고 출간하는 것이 가능할까?"

이 질문에 대한 대답은 이렇다.

"충분히 가능하다. 책쓰기를 시작하는 이들에게 훌륭한 첫 가이드가 되어 줄 수 있다."

그리고 더 중요한 것은 이것이다.

"무엇을 쓰느냐보다 누구를 만나느냐가 관건이다."

그렇다. 책이라고 다 같은 책이 아니고, 책쓰기 수업이라고 다 같은 책쓰기 수업이 아니듯, 책쓰기 코치라고 해서 다 같은 책쓰기 코치가 아니다.

대학교라고 해서 다 같은 대학교가 아니다. 내가 태어난 작은 도시에 있는 이름 모를 2년제 대학교도 있다. 사실이다. 하지만 반면에 세계인들이 모두 아는 세계 최고의 명문대학교 하버드 대학교와 같은 대학교도 존재한다.

책쓰기 수업도 수준과 방법과 질이 천차만별이다. 그 이유는 무엇일까? 책쓰기 코치의 수준이 다 틀리기 때문이다.

대한민국에 책쓰기 코치들이 많다. 수준도 다르고, 성격도 다르고, 취향도 다르고, 목표하는 바도 다를 것이다.

실력 있고, 내공 있는 코치에게 제대로 배운다면 8주 책쓰기 수업을 통해 책쓰기의 많은 것을 획득하고, 배울 수 있고, 심지어 출판사와 당당하게 계약도 할 수 있을 것이다.

실력이 없고, 내공이 없는 코치에게 책쓰기를 배운다면, 8주가 아니라 7년을 배워도, 읽히는 책이 출간되지 않을 것이다.

이것은 콩 심은 데 콩 나고 팥 심은 데 팥이 나는 자연의 원리와 같다.

'무엇을 쓰느냐보다 누구를 만나느냐가 중요하다.'

책쓰기 코치를 내공 있고, 실력 있는 사람을 선택하고 잘 만난다면, 충분히 가능하다. 김연아 선수와 같은 세계적인 실력자에게도, 세계적인 코치가 정말 필요하다는 것은 두말하면 잔소리다. 세계 최강의 월드컵 4강에 올리는데 4년이면 될까? 코치를 잘 만나면 충분히 가능하다.

우리는 행운아였다. 히딩크 감독처럼 내공 있고, 실력 있는 감독을 통해, 월드컵 4강의 신화를 일구어낸 바 있다. 책쓰기도 코치가 이제 중요한 시대가 되었다.

"책쓰기를 한 번도 배워보지 못한 사람도, 책쓰기를 평생 해 본 적도 없는 사람도, 단 8주 책쓰기 수업으로 출판사와 당당하게 계약한 사람이 있을까?"

있다. 그것도 아주 많이~! 500명 정도가 필자가 운영하는 김병완 칼리지의 책쓰기 수업의 정규 과정을 졸업했다. 중도 포기한 사람도 있고, 너무 바빠서 중도에 멈춘 사람도 있다. 하지만 200명 중에 140여 명에 육박하는 사람들이 8주 수업을 통해 출판사와 정식으로 계약을 했고, 책이 출간되고 있다. 지금도 출간되고 있다.

그런데 더 놀라운 것은, 여기서 출간되는 책들은 거의 다 '읽히는 책'들이라는 점이다.

책이 출간되어도 읽히지 않고, 독자가 없다면 그것보다 더 큰 자기기만은 없을 것이다. 독자가 없는 무늬만 작가가 되어서는 안 된다. 이것보다 더 큰 허세가 또 있을까? 실속 없는 빈껍데기가 아닌가? 빈 깡통이 더 시끄러운 법이다. 인생도 이렇게 되는 것이다.

"무엇을 쓰느냐, 몇 권이 출간되었느냐, 몇 명이 배출되었느냐보다 더 중요한 것은 단 한 권의 책이 출간되어도, 제대로 읽히고 인정받는 책이냐 하는 것이다."

그래서 실력 있고, 내공 있는 코치를 만나는 것이 책의 이러한 원리와 속성상 가장 중요하다는 것이다.

오랜 시간 12주 수업도 해 봤고, 4주 수업도 해 봤다. 심지어 2년 과정의 프로젝트도 해 봤다. 하지만 가장 효과적인 기간은 7주였다. 사람은 나태한 동물이다. 시간이 많이 주어지면 반드시 딴 일을 만들어, 그 시간을 보내고 만다.

1955년 영국의 학자 노스코트 파킨슨Northcote Parkinson, 1909~1993이 영국 「이코노미스트」 지에 발표한 재미있는 이론이 있다. 바로 파킨슨의 법칙이다. 공무원 수는 업무량의 증가와는 관계없이 증가한다는 이론이다. 상관은 더욱 많은 부하를 거느리기를 원하기 때문에, 업무량과 상관없이 공무원 수를 증가시키게 되는 것이다.

이것이 바로 거품이다.

책쓰기 수업에도 이런 거품이 존재한다. 쓸데없이 오랫동안 해 봤자. 오랫동안 일반 직장인이나 사업을 하는 사람들, 교사나 교수님들이 집중하기에는 너무 힘들다는 현실적인 문제도 존재한다.

딱 8주는 아무리 바빠도 집중할 수 있다. 즉 최단 기간 집중할 수 있는 기간이면서 너무 작지 않은 기간이 필요했다.

4주 수업도 해 봤다. 4주 수업은 너무 짧았다. 물론 성공한 사람들도 있었지만, 너무 수박 겉핥기식이 되는 느낌을 받았고, 12주 수업은 너무 길고 지루해지고, 오히려 시간을 메우기 위해 불필요한 것들을 넣는 것과 같은 느낌을 받았다.

그래서 가장 효과적이고, 가장 실속 있는 책쓰기 수업의 기간이 7주라는 결론을 내리고, 지금까지 이 원칙을 고수해 왔다. 물론 책쓰기 수업의 성과는 대한민국 넘버원이라고 자부한다. 자부만 하는 것은 자기기만이다. 실제로 성과는 눈으로 볼 수 있기에 충분히 보여 줄 수 있다.

세상에 내놓고 오픈할 수는 없다. 칼리지에 입학하셔서 책쓰기를 배우신 분 중에는 고위 공무원도 있고, 박사님도 있고, 이미 책을 여러 권 출간한 기성 작가도 있고, 심지어 베스트셀러 작가가 된 사람도 많다.

자신이 베스트셀러 작가가 되어 유명해진 사람들의 프라이버시도 존중

해 주어야 한다. 그래서 묘수를 찾았다. 세상에 오픈하지 않지만, 김병완 칼리지를 방문하는 사람 중에 열람하기를 원하는 사람들을 위해서, 열람할 수 있게 만들어, 칼리지 내에서만 보게 했다.

효과는 대단했다. 그 전에는 이렇게 하지 않았다. 이렇게 보여주자 다들 믿기지 않는 성과를 눈으로 직접 보자, 정말로 놀라워하고 감탄했다.

이제 어설픈 책쓰기는 절대 하지 마라. 제대로 된 책쓰기, 누구와 함께 하느냐가 중요하다.

어설픈 책쓰기를 하면 자신도 망치고, 돈도 버리고, 책도 망친다. 이런 삼중고를 겪고 힘들어하는 사람들이 적지 않다. 이런 사람들은 평생 책쓰기와 담을 쌓고 살아가게 되기 때문에 그것도 또한 더 큰 부작용이 된다.

왜 책쓰기 코치에게
배워야 하는가?

"왜 책쓰기 코치에게 배워야 할까요?"

"왜 책쓰기를 전문가에게 배워야 합니까?"

"책쓰기 코치에게 배우는 것과 혼자 옛날 정통 방식인 스스로 책쓰기를 깨우쳐 작가가 되는 것과 어느 것이 더 중요하고 더 좋은 방법인가요?"

필자는 주저하지 않고 말할 수 있다.

지금은 시대가 달라졌다고, 그러므로 책쓰기 코치, 전문가에게 제대로 배우는 것이 훨씬 더 좋다고 말이다.

좋은 내용이 좋은 책을 만든다. 하지만 책은 살아 있는 유기체와 같다. 아무리 좋은 내용이 있어도 잘 꿰어야 보석과 같이 살아 숨 쉬는 유기체가 된다. 그러므로 책쓰기를 신뢰할 수 있는 전문가에게 배우는 것이 그만큼 중요하다.

책쓰기 경험과 실력이 부족한 이들이 처음부터 책을 잘 쓸 수는 없다. 하지만 전문가에게 배우면, 즉 거인의 어깨 위에서 시작하면, 그만큼 책쓰기 숙련 시간을 단축할 수 있고, 시행착오를 줄일 수 있다.

언제까지 혼자서 그 아까운 시간과 에너지를 낭비할 것인가? 제대로 책을 쓸 수 있게 되었을 때 생을 마감할 나이가 되었다면 얼마나 비참할 것인가? 시간을 아끼고 세월을 아끼고자 한다면, 책쓰기도 전문가에게, 실력 있는 내공 있는 코치에게 배워야 한다. 그것도 제대로 된 책쓰기 코치에게 배워야 한다.

책쓰기 코치를 선택할 때, 대필하거나, 표절하는 그런 가짜들을 조심해야 한다. 실제로 표절하고, 대필해서 책을 출간하고, 그것으로 자신을 포장해서 책쓰기 코치를 하는 사람이 존재하는 것이 현실이다.

실력 없고, 내공 없는 초보 작가들이 책쓰기로 먹고살겠다고 책쓰기 코치를 하겠다고 덤비는 이들도 조심해야 하는 것은 마찬가지지만 더 중요한 것은 실력 있고, 내공이 있는 책쓰기 코치를 선택해야 한다는 것이다. 왜 초보 코치를 조심해야 할까? 배우려고 하는 사람보다 더 책쓰기를 못 하는 경우도 허다하고, 무엇보다 많이 배우려고 하는 수강생들의 귀한 시간을 낭비하게 될 수 있기 때문이다.

출판사 대표가 책쓰기 코치를 한다면? 신문 기자가 책쓰기 코치를 한다면? 뭔가 어울리지 않는다.

물론 의사도, 변호사도 초보가 있듯이, 책쓰기 코치도 당연히 초보 코치가 있을 것이다. 그러므로 자신이 선택해서 책쓰기 코치를 선택하고, 그것에 맞게 수업료를 지급하고, 그 이상의 것을 배우면 되는 것이다. 선택은 당신의 몫이다. 그리고 그 이상의 것을 배우느냐 아니냐는 전적으로 수강생들의 노력과 의지에 달려있다고 필자는 생각한다.

7주 후 많은 수강생이 일취월장하는 모습을 보여주고 작가로 도약한다. 그 이유는 두 가지다.

첫 번째는 필자의 고집 때문이다. 필자는 절대로 목차나 서문이나 본문이나 기획서를 만들어 주지 않는다. 처음부터 끝까지 수강생이 자신의 손으로 자신이 직접 만들게 한다. 그것이 필자의 외고집이다. 그래서 쉽게 편하게 대신 작성해서 던져주는 그런 만행을 저지르지 않는다.

그 이유는 분명하다. 수강생들이 직접 해 봐야 실력이 늘고, 책쓰기 역량이 향상되기 때문이다. 김병완 칼리지의 자긍심은 바로 여기에 있다. 물고기 한 마리를 잡아서 주는 것이 아니라, 물고기를 혼자서도 잡을 수 있도록 훈련하고, 체득시켜 주는 것이다.

김병완 칼리지는 이론만 가르쳐 주고 끝내는 그런 책쓰기 수업이 아니다. 실제로 수업 정규 과정 중에 이론과 실습과 코칭이라는 세 가지가 항상 병행하는 즐겁지만, 한편으로는 혹독한 책쓰기 학교이다. 그래서 못 버티는 중도에 포기하거나, 성과가 극히 저조하고, 미비한 사람이 1~2% 정도 나오는 것이 사실이다.

그래서 칼리지가 인정하는 정식 졸업생과 수강 지원자 수는 다르다.

불성실하거나 의지가 빈약한 자나 정말 책쓰기 능력이 보통 사람 수준보다 못해서 실패하는 사람은 거의 없다고 보면 된다. 하지만 있기는 있다. 그리고 또 다른 이유가 있다. 회사 일이 정말 바빠서 혹은 집안에 큰일이 생겨서 불가피하게 진도를 못 따라 오는 사람은 마지막 7주 수업 때 원고 투고를 못 하게 된다. 하지만 걱정하지 마시라. 98%의 수강생들은 대부분 7주 수업 때 원고 투고에 성공한다.

사람은 다 같은 사람이지만, 엄연하게 능력자와 무능력자, 상위 10%와 하위 10% 그리고 평범한 80%의 사람들로 나누어져 있다는 것을 우린 모두 잘 알고 있다. 자신이 하위 1%가 아니라면 절대로 걱정할 필요 없다.

두 번째는 손뼉도 마주쳐야 나오기 때문이다. 아무리 내공이 깊고 실력이 좋은 코치라도, 수강생이 직접 책을 쓰고자 하지 않는다면, 즉 아무리 좋은 요리를 해서 맛있는 식사를 준비해 주어도, 직접 떠먹지 않고, 떠먹여 주기만을 바라는 수강생들이 있기 때문이다. 이런 수강생들은 제발 칼리지에 입학하지 말고, 대필 작가를 찾아서 대필하기 바란다.

물론 필자는 대필 방식을 추천하지는 않는다. 되도록 직접 자신의 책을 쓰는 것이 가장 좋은 방법이다. 책쓰기를 통해 내면의 성장과 사고력과 창의력의 향상은 물론이고, 더 큰 자아와 세상과 만날 수 있는 최고의 자기계발이기도 하기 때문이다.

책쓰기는 책쓰기를 많이 하고, 검증된 진짜 작가가 가장 잘한다. 이것은 진리다.

옛날 전통 방식의 책쓰기는 혼자서 알아서 오랜 시간 숙련 시간을 두고 스스로 배우고 깨우치는 방법뿐이었다. 하지만 시대가 바뀌었다. 너무나 급변하는 시대이고, 한 사람이 한 가지 직업을 가지고 평생 먹고 살 수 있는 시대가 아니다. 한 사람이 최소한 두세 가지 이상의 직업을 경험하는 시대이고, 평균 수명 또한 엄청나게 늘어났다.

이제는 대학교 졸업장의 생명이 그렇게 길지 못하다. 그래서 새로운 직업이 두세 개가 필요하다. 그것을 충족시켜 주는 것으로 작가의 길만큼 좋은 것은 없다.

작가가 된다는 것, 책을 쓸 수 있게 된다는 것, 읽히는 책을 제대로 써낼 수 있는 기술을 배운다는 것은 최고의 직업, 최고의 직장을 스스로 만드는 것과 다름없기 때문이다.

그런데 책쓰기를 혼자서 숙달시키고 배우기 위해서 전통적인 방식, 혼자서 그 길을 개척하는 것은 너무나 많은 시간과 노력, 세월이 필요하다. 이 시대와 맞지 않는다.

하지만 이미 그 길을 개척한 믿을 수 있고, 실력이 있는, 그 길을 진짜로 먼저 개척하고 간 사람이 있고, 검증된 사람이 있다면, 그 사람과 함께 그 길을 가게 된다면, 숙련 시간을 충분히 단출할 수 있고, 시행착오를 몇 년을 줄일 수 있다.

그것은 돈으로 환산하기 힘든 엄청난 혜택이고 축복이다.

시간만큼 더 중요한 것이 없다고 볼 때, 책쓰기라는 엄청난 기술과 노하우를 누군가에게 배운다는 것은 정말 큰 축복이다.

서울 소재 대학교 총장님도 수강하는
책쓰기 수업!

필자가 책쓰기 수업을 하면서 가장 놀랐을 때가 있다. 바로 37기 기수의 첫 수업 시간이다.

수강생들에 대해서 자세하게 알 수 없지만, 첫 수업 시간의 자기소개가 끝나면 비로소 자세하게 알 수 있다.

6명의 수강생이 차례대로 자기소개했다. 아나운서도 있었고, 내공이 상당한 분도 있었고, 사회적 기업을 운영하시는 분도 있었다. 마지막으로 60대의 여성분이 자기소개를 시작하셨다.

그분이 자기소개를 시작해서 첫 번째 내 던진 말이 우리 모두를 경악하게 했다. 왜냐하면, 너무나 놀라운 사실을 알게 되었기 때문이다.

"저는 현재 ○○○대 총장입니다."

책쓰기 코치였던 필자를 비롯한 그 자리에 함께 있었던 모든 분과 수강생들이 놀라지 않을 수 없었다.

기존의 대학교를 넘어선 책쓰기 학교이기 때문이다. 이제는 정말 책쓰기가 중요해졌다. 제대로 배울 수 있는 곳, 제대로 가르치는 곳을 선택하는 것이 정말 중요해졌다.

책 한두 권 출간하고, 책쓰기 코치를 하겠다고 도전하는 젊은이들이 적지 않기 때문이다. 물론 이런 젊은이들이 잘못되었다는 것은 아니다. 소비자 관점에서 충분히 내공이 있는 책쓰기 코치에게 배운다는 것이 정말 중요하기 때문이다.

3년 전 필자는 전국을 다니면서, 한 분 혹은 두 분을 주먹구구식으로 모아 놓고, 일대일 방식으로 책쓰기 수업을 시작했다. 전국을 다녀야 했기 때문에 찜질방에서 잠을 자는 경우가 많다.

찜질방에서 잠을 자다가 봉변을 당한 적도 있다. 한겨울에 내린 폭설로 고생을 한 적도 있다. 하지만 이제는 혼자가 아니다. 나를 전심으로 도와주는 스태프들이 있고, 귀여운 비서도 있다.

혼자서 전국을 돌면서 장돌뱅이처럼 그렇게 책쓰기 수업을 시작한 지 2년도 안 되어, 강남에 김병완 칼리지라는 코칭 센터를 열게 되었고, 이제는 전국에서, 심지어 제주도에서까지 수강생들이 몰려들게 되었다.

이제는 한국에서 가장 높은 직위에 계신 분들이 수강하기 시작했다. 출판사 대표, 방송인, 아나운서, 교수, 신문사 편집국장, 의사, 한인사회 회장, 대기업 임원, 대기업 부사장, 중소기업 사장, 고위 공무원······.

무엇보다 필자의 기억에 남는 경우는 기존에 책을 네 권이나 출간했던, 인정받는 성공한 작가이자 기업가인 분이 필자에게 책쓰기 수업을 듣겠다고 멀리서 찾아왔던 경우와 자녀가 먼저 수강을 하고, 책을 출간한 후 그분의 아버지가 이어서 수강을 하신 경우다.

그런데 이 아버님도 이미 책을 열 권 이상 출간한 경험이 있으셨고, 대한민국 최고의 박사님으로 통하시는 분이었다. 이런 분들이 왜 필자에게 와서 책쓰기를 배우려고 하는 것일까?

한마디로 필자가 운영하는 책쓰기 학교, 김병완 칼리지가 대한민국에서는 최고이기 때문이다.

대한민국 넘버원 대표 책쓰기 학교!
김병완 칼리지가 되다

필자가 운영하는 책쓰기 학교는 대한민국 넘버원 책쓰기 학교이다. 한마디로 대한민국 최고다. 이 사실을 가장 먼저 인정해 준 곳은 놀랍게도 콧대가 높기로 유명한 '네이버'다.

네이버는 우리가 모두 알고 있듯이, 대한민국 넘버원 포털 사이트다. 국내 검색시장 점유율이 압도적으로 높다. 80% 이상이다.

이런 네이버에서 '넘버원', '대표', '일등' 이런 용어들로 검색을 하지 못하게 엄격하게 제한을 한다. 국내 검색시장 1위 사이트답다.

그런데 이런 엄격한 네이버에서 유독 '김병완 칼리지'에 만은 매우 너그럽다. 왜일까? 진짜 넘버원이기 때문이다. 무엇이 넘버원일까?

바로 성과다. 2년도 채 안 되어 200명의 작가가 배출되었고, 지금은 500명을 돌파했다. 하지만 배출 인력이 많고 적고는 아무것도 아니다. 더 중요한 것은 배출된 인력의 성과다.

500명 중에 출판사와 정식으로 계약을 따낸 사람이 300~400명을 넘었기 때문이다. 이렇게 단시간에 이렇게 많은 사람을, 그것도 초보 작가, 예비 작가들, 책쓰기에 아무 준비도 안 된 사람들을 출판사와 정식으로 계약시킨 책쓰기 학교는 전무후무하다.

또한, 베스트셀러 작가가 된 사람들이 적지 않다. 너무 많다는 것이다.

그래서 네이버에서도 김병완 칼리지를 인정해주는 것이다. 네이버에 들어가 '대한민국 No. 1 책쓰기 학교'라고 검색하면, 김병완 칼리지가 바로 검색된다.

너무나 자랑스럽고, 수강하신 분들에게 오랫동안 자부심을 지켜 드릴 수 있기에 무엇보다 감사하고 고맙다.

네이버에서 김병완 칼리지를 검색하는 방법, 검색어는 매우 다양하다. '한국 대표 책쓰기 학교', '한국 1등 책쓰기', '대한민국 대표 책쓰기 학교', '정직한 책쓰기 학교', '책쓰기 명인', '대한민국 일등 책쓰기' 등이다.

책쓰기에 도전한
사람들의 스토리들

실제로 책쓰기를 필자에게 배워서 정식으로 졸업했다고 인정되는 사람들이 200명 정도 된다. 그중에 자신이 원고 투고를 나중으로 미루거나, 출판사에서 계약 요청을 받았음에도 계약을 보류하거나, 개인 사정으로 출간할 수 없는 경우를 제외하고, 출판사와 정식으로 계약한 사람이 150명을 넘었다.

정말 어마어마한 성과라고 할 수 있다. 책쓰기를 한 번도 배운 적이 없고, 해 본 적도 없는 일반 직장인, 가정주부, 은퇴자도 포함되어 있다. 물론 실패하여 계약이 안 된 사람들도 있다. 하지만 그런 사람들보다 실제로 성공해서 계약되고, 책이 출간된 사람의 수가 4배에서 5배 이상 더 많다.

이 많은 성공 사례 중에서 딱 일곱 사람만 소개하고 싶다.

첫 번째는 부동산 전문가인데, 책쓰기 수업 때는 어떻게 자신이 책을 쓸 수 있을까에 대해서 의구심을 가졌지만, 지금은 인세로만 1억에 육박하는 수익을 내는 베스트셀러 작가의 반열에 오른 수강생이 있다. 이 수강생이 필자에게 수업을 들었던 때가 1년도 채 안 된다.

두 번째는 딸이 수업을 듣고, 계약하고 출간이 되어, 좋은 성과를 거두자, 아버님마저 필자의 책쓰기 수업에 참여하여 수강하는 수강생이 있다. 이분은 평범하신 분이 아니다. 박사학위는 물론이고, 책도 열 권 이상 출간하신 기성 작가이시다. 그런데도 책쓰기 수업에 참여하고 있다. 지금 진행형이다. 이 책이 출간될 때쯤에는 이분의 책도 출간되었을 것이다.

세 번째는 남편이 먼저 책쓰기 수업을 듣고, 계약되자, 아내까지 책쓰기 수업을 듣고, 아내도 계약이 된 경우다. 이렇게 부부가 연이어서 책쓰기에 도전을 하는 경우가 칼리지에도 흔하다. 책쓰기가 이제는 전문가의 영역이 아니라 누구나 해야 하는 대중의 영역으로 내려온 셈이다. 반대로 일반 대중의 수준의 높아지고 있다는 이야기인지도 모른다. 필자는 후자라고 생각한다.

네 번째는 평범한 영업 사원인 젊은 친구가 책쓰기 수업을 듣고, 출간된 책이 베스트셀러가 되지는 않았지만, 그 책을 잘 이용해서 홍보하여, 강사, 1인 기업가로 강남에서 사무실을 차려서, 잘 먹고 살고 있는 친구가 있다.

수익도 직장 다닐 때보다 훨씬 더 낫다고 한다.

다섯 번째는 평범한 가정주부가 책쓰기 수업을 필자의 적극적인 추천으로 듣게 되었다가, 책이 출간되어, 각종 매스컴과 인터뷰를 하고, 여기저기 강의 요청이 많이 들어와서, 아예 강사로 맹활약 중이신 분이 있다.

여섯 번째는 방송인이셨던 개그맨이 수업에 참여하여, 여러 개의 출판 사로부터 계약 요청을 받은 후에, 어떤 출판사와 계약을 할 것인가에 대해 행복한 고민을 하셨던 분도 계셨다. 바로 최형만 씨, 고명환 씨다. 이 두 분의 수업 시간에는 정말 재미있고 즐거웠다. 보통 7시에 시작해서 10시에 끝나지만, 고명환 씨와 함께한 수업 시간은 새벽 2시 혹은 새벽 4시까지도 한 적이 있다.

일곱 번째는 북한 아오지에서 태어난 탈북 여성 이야기다. 이분은 우리가 말로만 듣던 북한 아오지 탄광 근처에서 태어나, 목숨을 걸고 어린 딸과 함께 탈북을 시도했다. 무사히 남한에 들어와 10년 동안 살았다고 한다. 이러한 10년간의 특별한 삶의 기록을 책으로 쓰고 싶다고 하신 분이다. 북한에선 아오지에서 살다가 남한에선 드디어 주상복합 아파트 30층에 살게 되신 분이다. 학벌도, 스펙도, 연고지도, 인맥도, 기술도 없었던 그분이 10년 만에 경쟁이 심한 남한에서 성공한 스토리이기에 더욱더 인상에 남는 것 같다.

이런 분들 외에도 많은 성공 사례가 있다. 일일이 다 열거하고 소개하기에는 지면이 너무 부족할 것 같아, 이쯤에서 멈추겠다.

한 가지 명심해야 할 사항이 있다. 책쓰기 수업이라고 다 같은 것이 아니다. 차라고 다 같은 차가 아니듯 말이다. 1,800cc 경차도 있지만, 6,000cc 스포츠카도 있다. 영화도 다 같은 영화가 아니다. 어떤 영화는 평생 기억에 남는 명화가 되기도 한다.

책쓰기 수업도 마찬가지다. 수업은 아무나 누구나 흉내 낼 수 있지만, 성과와 내공은 절대 흉내 낼 수 없다. 최소한 6년이 필요하지 않을까? 책에 파묻혀 책만 읽는 3년의 내공의 시간과 책쓰기에 몰입하여, 3년 동안 60여 권의 책을 출간하게 되는 그런 폭풍 집필의 시간이라는 훈련과 연습을 통해, 그렇게 해 본 사람이 제대로 다른 사람을 가르칠 수 있는 것이 아닐까?

물론 한두 권의 책쓰기 책을 출간하고, 바로 책쓰기 코치를 하는 사람들도 있다. 이분 중에도 나름대로 잘 가르치는 사람들이 왜 없겠는가? 하지만 사람마다 다르고, 그 사람이 경험하고 연습하고 노력한 시간과 에너지만큼, 그 사람의 내공만큼 수업의 질과 성과는 반드시 차이가 있다는 것을 알고, 책쓰기 코치를 선택한다면 후회 없는 책쓰기 경험과 실력 향상을 할 수 있을 것이다.

무더기로 표절을 해서 출간 권수만 늘려서, 자신을 그럴듯하게 포장해서, 그것으로 책쓰기 수강생을 모집하는 그런 비양심적인 책쓰기 코치나, 너무 지나치게 상업적인 돈벌이로 책쓰기 수업을 다단계처럼 하는 곳이 혹시라도 있다면, 독자들은 조심해야 할 것이다.

한순간의 선택이 평생을 좌우하기 때문이다. 이런 코치를 만나면, 정말 인생 망한다. 평생 자신의 책쓰기 스승이 비양심적인 표절 작가라면 기분이 어떨까?

결론은 양심적이고 정직한 책쓰기 코치를 선택하고, 되도록 내공이 있고, 실력이 좋은 코치를 선택하라는 것이다.

책쓰기로 인생을 바꾼 보통 사람들
:책쓰기 수업&계약 후기

"위대한 사람, 잘난 사람, 재주 있는 사람만이 책쓰기를 할 수 있는 것이 아니다. 오히려 그렇지 못한 사람이기에 책쓰기를 통해 더 쉽게 그런 사람이 될 수 있고, 자신의 한계를 넘어설 수 있다." - 『하버드 글쓰기 강의』, 바버라 베이그, 10P

인생에서 잘한
2가지 중 1가지

누구나 살면서 잘한 일이라고 꼽는 몇 가지가 있을 것이다.

나 역시 인생에서 잘한 일을 꼽으라면 주저 없이 김병완 칼리지와의 인연이라고 말하고 싶다.

인생에서 잘한 2가지 중 1가지다.

(혼자 책쓰기를 한 후) 1차 원고를 몇 군데 출판사에 보낸 후 퇴짜를 맞았다.

원고를 들여다봤다.

뭔가 부족했다. 뭘까….

정리가 필요했다.

'하늘은 제 갈 길을 아는 이에게 길을 열어준다'라고 했던가?

김병완 작가님과 인연이 닿았다.

(김병완 작가님의) 강의는 내가 기대한 이상이었다.

책을 써본 사람만이 알 수 있는 깊이 있는 내공과,

핵심을 짚는 코칭으로 짧은 시간에 글이 다듬어졌다.

이미 많은 책을 낸 유명 작가임에도 불구하고,

세세한 부분까지 신경 써 주시는 면에서 진정성과 사람에 대한 깊은 예의가 느껴졌다.

그리고 출간기획서 제출 후 하루 만에 계약하자는 출판사 연락이 왔다.

얼떨떨함 속에 오랜만에 묻어둔 설렘이 되살아났다.

내 안에 오랫동안 웅크려 있던 또 다른 나를 끄집어내 준 김병완 작가님께 감사드립니다.

29기, 출판사 네 군데 미팅 후 계약 후기입니다

김병완 작가님 말씀대로 같은 기수의 다른 분들이 다 되고 나만 계약이 안 돼도 진심으로 축하해 주려고 마음을 잡고 토요일 아침 원고 투고를 했습니다. 기다리고 있지 말라는 말씀에 진짜 기다리지 않고 건담을 쇼핑하던 중 정확히 17분 후에 메일이 왔다는 알람이 왔습니다.

결제가 잘 됐다는 메일인 줄 알고 별생각 없이 클릭하려고 보니 출판사 답장이었습니다. 나 참. 열어보기도 겁이 났습니다.

한두 개가 더 왔습니다. 원고를 더 보내달라는 메일과 출간의향이 있으니 만나보자는 메일. 꿈만 같고 기적 같았습니다. 마음 접고 있으려고 했는데. 그것도 보낸 당일 답장이 오다니.

월요일부터는 정신없이 답변들이 오기 시작했습니다. 대부분 1~2주 검토하고 연락 주겠다는 메일이었지만, 원고를 더 보내달라는 메일과 신기하게도 만나고 싶다며 계약서를 보내온 한두 개의 메일도 있었습니다. 그렇게 출판사들과 미팅을 잡고 만나러 다녔습니다. 마냥 신기해서 미팅할 때 긴장할 정신도 없었던 것 같습니다.

총 네 군데의 출판사에서 계약하자고 연락이 왔었지만 한 군데는 전화로만 얘기를 오래 하고 만나기로 했었지만 결국 만나지 않았습니다.

그 네 곳의 출판사 중 가장 계약하고 싶은 출판사는 만나기 전부터 있었습니다. 그렇게 네 군데 중 세 출판사를 만나고 두 군데의 출판사 중 마지막까지 굉장히 많이 헷갈렸습니다. 계약하는 당일까지 최대한 많은 걸 여쭤보았습니다. 대표님이 저보고 장사하던 사람인 거 티 난다 하실 정도로 꼼꼼히 물어봤습니다. (예전에 구두 쇼핑몰을 했습니다.) 계약 조건도 저에게 중요한 건 바꿔 달라고 요구하고 중요하지 않은 건 멋지게 넘어가는 모습도 보여드렸습니다. 결국, 계약금도 전혀 없고 더 작은 출판사지만 마음이 더 진실되어 보이는 대표님과 계약을 결심했습니다. 처음부터 돈을 욕심낸 건 아니었지만 더 좁은 길이라 맞는 결정이라 생각이 들었습니다. 1년에 고작(?) 10~11권 출간하는 출판사인데 제 책을 골라주셨다는 것에 깊은 감격을 하고 돌아왔습니다.

이제 진짜 시작이지만 이렇게까지 많은 것을 느끼고 경험하게 해주셔서 감사드립니다. 사랑합니다. ^3^

오리에서 백조를 경험한
계약 후기!

글 쓰는 소질 없던 내가 책을 쓰겠다는 건 올해의 도전이었습니다.

수업을 들으며 성장을 하는 만큼 힘이 들었습니다.

7주 차 수업을 끝내고 원고 투고를 한 다음 날 메일이 오기 시작했습니다.

좋은 조건의 계약 메일도 도착했고 날아갈 듯 기뻤습니다.

어떤 출판사 대표님은 다른 약속을 취소하시고 저에게 오셨습니다.

다른 출판사에서 먼저 계약할까 봐 불안하셔서 안 오실 수가 없으셨다고!

지금 계약을 결정한 상황인데 다른 곳에서 만나자 하는 전화가 계속 옵니다. 어떤 조건을 원하는지 물어도 보시고!

오리였던 저에게 백조가 되는 이런 일이 다 있습니다.

그냥 김병완 작가님이 시키는 대로 따라갔고 따라가다가 부족한 내게 화가 나기도 했었는데 7주간의 수업이 저에게 기적을 가져다주었습니다.

명함도 없던 아이 엄마,
작가로 제2의 인생 시작합니다

칼리지의 모든 분께 먼저 감사 인사드립니다.

고맙습니다.

7주간 일어났던 엄청난 변화에 놀라고,

내면에 숨겨져 있던 능력의 발견에 놀라고,

이러한 나를 세상이 알아줌에 또 놀랐습니다.

저자 되기 수업은 결과와 관계없이 너무나 즐거운 경험이었습니다.

마치 오래된 보물창고를 열어 하나씩 꺼내는 느낌이었습니다.

흔들릴 때마다 칼리지 팀장님들이 두 팔 올려 응원해주셨고,

김병완 작가님은 그 모든 과정을 온전히 즐길 수 있게 도와주신 탁월한 스승님이셨

습니다.

고맙습니다. 수백 번을 말해도 부족합니다. ^^

원고 투고 후 '누가 내 이야기에 관심을 가질까?' 고민할 새도 없이 연락과 미팅이 진행되었습니다. 완성 원고도 아닌 출간기획서와 몇 편의 본문만 보고도 열 군데의 출판사에서 러브콜을 보내왔습니다. 연락을 받을 때마다 신기했습니다. 자신감도 점점 차올랐습니다.

또한, 작가님이란 칭호는 들어도 들어도 좋은 말입니다. ^^
결국, 가장 마음이 통한 출판사와 좋은 조건으로 계약했습니다.

저는 요즘 본문 집필에 온 힘을 기울이고 있습니다.
무엇보다 너무나 행복합니다.

겉옷을 벗어버리자 슈퍼맨 쫄쫄이가 나온 것처럼
지금 저의 모습은 원래 작가라는 옷을 입고 있었던 사람처럼 느껴집니다.

글쓰기는 올해 마흔이 된 저에게 인생 과제이었습니다.
무엇부터 해야 할지 막막하던 중 김병완 칼리지를 만나
이렇게 쉽게 인생 혁명을 이루고 있네요.

김병완 작가님.

7주간의 수업보다 감사한 것은

작가님이 몸소 보여주시는 인생입니다.

그 모습이 저에게 가장 큰 촉매가 되었습니다.

저도 누군가의 삶에 자극이 되고 불을 댕기는 또 다른 촉매가 되어야겠

지요?

이제 첫 책이 출발했습니다.

두 번째, 세 번째…. 책들로 다시 이곳에 글을 쓰고 싶습니다.

다시 한번 고맙습니다. 사랑합니다.

평범한 독자, 가정주부가
책쓰기로 프로 강사가 되다

안녕하세요? 『끝내는 엄마 vs 끝내주는 엄마』 김영희입니다.

요즘 아침마다 연속적으로 접하는 일들이 기적 같아 이렇게 펜을 들었습니다. 지금으로부터 꼭 반년 전, 저는 오늘 같은 일이 벌어질 줄은 상상도 못 한 평범한 사람이었어요.

메르스가 기승을 부리고 찜통더위가 시작되던 2015년 6월 25일, 그날은 한국전쟁일보다 더 뇌리에 꽂히는 날로 이제 기억돼야 하는 날이 됐네요.

처음으로 김병완 칼리지 저자 되기에 참여한 날이 이렇게 아스라한 일처럼 느껴지다니…. 왜냐고요? 그것은 그동안 너무나 숨 가쁘게 이어진 시간 때문이지요.

7주째 출판사 기획서 제출일에 작가님의 환한 미소.

작가님의 예리하신 눈길로 기획서를 보시곤 무조건 통과!

저는 가슴을 후유 하며 떨리는 맘으로 출판사에 원고 투고….

그 후 급속도로 출판되어 12/16일부터 시판 시작,

곧이어 출판사 인기도 1위, 육아 잡지 「Babee」 인터뷰(2월호 게재 예정),

오늘 한겨레신문 기사가 남!

이런 과정에서 저는 너무나 얼떨떨하고 이게 무슨 액땜(?)인가 싶기도 합니다. 자연 저는 감사 글을 써서라도 작가님 이하 칼리지의 스텝진과 우리 칼리지의 예비 작가분들께 용기와 희망을 드리고 싶어졌어요.

지금도 제가 했던 말이 얼마나 공허한 말이었던가! 귓가에 맴돕니다.

"허접하고 쓰레기 같은 책을 내어 쓰레기를 보태고 싶지 않아요"라며 제가 망설이고 포기하려 할 때 작가님께서 붙들지 않으셨다면 오늘의 저는 없었을 겁니다.

그래서 오늘의 제가 있기까지 이끌어 주시고 보살펴주신 점,

작가님의 은덕으로 돌리고 싶습니다.

정말 고맙습니다. 작가님.

게다가 나날이 발전하는 칼리지의 모습 너무 보기 좋고요.

새해 더욱 빛나는 칼리지 되길 기원합니다.

* 계약 후기 출처: 김병완 칼리지 [대한민국 넘버원 책쓰기, 독서법 카페]

책쓰기는 당신에게
위안과 행복을 준다

"책쓰기는 자본과 실력과 기술도 없는 우리에게 힐링과 스탠딩을 동시에 할 수 있게 해 준다. 결국, 책쓰기는 자본이 되고, 당신의 실력이 된다. 당신 이름으로 된 책 한 권은 그 어떤 스펙이나 명함보다 더 강력하다. 이것이 책쓰기만이 가지고 있는 장점이다."

〈 [48분 기적의 책쓰기], 김병완 〉

책쓰기는 당신에게 자본이 되고, 실력이 되고, 배경이 되어준다. 무엇보다 책쓰기는 정직하고 공평하다. 책쓰기는 누구에게나 열려 있다. 모두에게 공평한 기회를 부여한다. 이것이 책쓰기의 매력이다. 그런 점에서 책쓰기는 사회의 부조리나 불합리에서 어느 정도 벗어나 있는 청정구역이다.

책쓰기는 압도적인 성공의 길을 열어준다. 책쓰기는 부와 성공을 만든다. 책쓰기는 인생을 바꾼다.

"책쓰기를 하다 보면 무아지경에 이르게 된다. 무아지경이 되면, 자신을 넘어설 수 있고, 세상에서 벗어나게 된다. 책쓰기만큼 집중과 몰입이 잘 되는 행위도 없다. 목숨을 담보로 절벽을 오르는 것도 몰입이 잘 된다. 하지만 한 번만 실수해도 위험할 수 있다. 하지만 책쓰기는 안전하다. 수천 번 실수해도 목숨은 위험해지지 않는다.

인간을 불행하게 하는 것은 집착과 욕심이다. 책쓰기는 수많은 집착과 욕심에서 그 순간 벗어나게 해 준다. 책쓰기를 하는 순간만큼은 누구보다 행복해질 수 있다. 아무리 많은 걱정과 근심이 있어도, 책을 쓰는 순간만큼은 벗어날 수 있다. 이 얼마나 멋지고 좋은 일인가? 수지맞는 장사다.

책쓰기는 당신에게 세상이 주지 못하는 위안과 행복을 준다. 행복이라고 해서 하루아침에 벼락부자가 되는 그런 요행을 말하는 것이 아니다. 하루도 쉬지 못하게 당신을 괴롭히는 걱정과 근심, 염려와 두려움에서 잠시 벗어나게 해 주는 것이 있다면 누구나 환영할 것이다. 책쓰기가 그런 힘을 가지고 있다. 그래서 책쓰기는 마법이다."

〈 [48분 기적의 책쓰기], 김병완 〉

이렇게 좋은 것을 나만 할 수 없지 않은가?

나는 물고기 한 마리를 잡아 주기가 싫었다. 물고기 백 마리라도 혼자 잡을 수 있도록 물고기 잡는 방법을 알려 주고 싶었다. 처음부터 끝까지 수강생이 혼자서 할 수 있도록 한 단계 한 단계 손을 잡고 이끌어 주었다.

많은 수강생이 성공했고, 성과를 이루었다.

책쓰기 수업을 듣고 인생이 바뀐 사람들이 한두 명이 아니다. 나는 이 것만 해도 그 어떤 시련과 역경보다 더 기쁘고 즐겁고 행복하다. 책쓰기라 는 벽에 부딪혀 감히 도전조차 못 하는 사람들에게 용기를 주고, 방법을 알려줘서 책쓰기를 당당히 해낼 수 있게 되는 그 희열을 나는 포기하지 않 을 것이다.

평범한 이들이 책쓰기에 도전하고, 결국 책을 출간하는 그 과정을 오롯 이 함께 누렸다. 그것은 돈으로 환산할 수 없는 기쁨이고, 환희고, 희열이 었다.

책이 출간되었다고 양손에 자신의 책을 들고 칼리지를 방문해 주는 수 강생이 한 명 두 명 부쩍 늘어나고 있다. 이때가 가장 기쁘고 즐거운 순간 이다. 이것이 행복이 아닐까?

스승의 날이라고 조용히 찾아와서 고기를 사 주고 다시 지방으로 내려가는 수강생도 있고, 스승의 날이라고 꽃을 보내거나 선물을 해 주는 수강생도 있다.

내가 책쓰기 코치를 멈출 수 없는 이유가 바로 여기에도 있다. 또한, 내가 가장 잘 하는 것을 나는 할 것이다. 누군가에게 용기를 주고, 효과적인 방법과 노하우를 전수해 주어, 그 사람의 시간과 노력과 인생을 아끼게 해 주는 것이다.

나는 내가 가장 잘 하는 것을 할 것이다. 그리고 내가 가장 잘 하는 것은 바로 이것! 책쓰기와 책쓰기 수업과 코치다.

필자를 만나 인생이 바뀐 사람들이 한 명씩 늘어날 때마다 나는 행복하고 즐겁다.